資本主義的倫理力量

為什麼自由市場能創造更好的人文價值

Joe Zhankan Li
李湛忻——著

The Ethical Power of Capitalism

Why Free Markets Cultivates Better Human Values

推薦序

資本主義與人文價值

國立台灣大學進修推廣學院院長　郭佳瑋教授

資本主義與人文價值，向來被認為是天生對立的兩大概念。資本主義象徵著動盪多變的市場經濟，而人文精神則強調穩定和諧的社會秩序。但作者在書中提出，這種傳統固化的二分法需要打破與修正。事實上，若我們拋開先入為主的成見，縱向審視人類文明發展的歷程，我們會發現兩者之間存在著更加微妙、更加辯證的關係，有著相互依存與相互促進的一面。

人文主義的核心價值在十四世紀歐洲文藝復興時期萌芽開來。那個時代的人們開始擺脫中世紀教廷權力的桎梏，不再心甘情願地追隨既定的權威，開始關注個人的理性與自由。人們渴求在一個制度化的社會秩序中獲得基本的自由和公平。三百年後的十八世紀，亞當．史密斯提出了「國富論」，強調市場機制和個人選擇自由在資源配置中的決定性作用。這兩大理念傳統上被視為難以調和的對立面。但實際上，在現代文明中，資本主義的市場機制激發了每一個社會成員創造價值的內生動力，長期來看造福了全體社會。與此同時，人文主義的價值理念也為資本主義的市場秩序提供了方向指引。

此外，作者還討論了一些極為重要的議題。比如，僅僅依靠人類主觀的理性設計很難完美重構一個穩固高效的經濟制度，這向我們展示出制度設計的局限；與此同時，作者也指出，資本主義在極大程度上拓展了普通人的選擇範圍，加速社會各階層之間的流動速度，這些都彰顯了資本主義的價值。在進入二十一世紀後，資本主義顯示出了更加包容的一面，更加重視社會的基本公平，這吸收並統合了人文精神的某些要求。因此，我們有理由認為，兩者是互相依存的，也是相互促進的。

審視資本主義理念和人文主義價值之間錯綜複雜、難以定論的關係，對我們深入理解和反思現代文明社會的各方面具有重大的意義。這不僅關係到我們對經濟發展規律和經濟制度的認知，也關係到人文精神在現代社會實踐中能否發揮正確的指導作用，最終引領我們的社會朝著更加繁榮富強、更加公正高尚的方向前進。這本書為我們打開了一個嶄新的視角，我們大可放下成見，解構傳統權威，以全新的姿態審視資本主義和人文價值，在現代語境中找到兩者和諧發展的契合點。

序言
資本主義很邪惡？

我一九八七年出生在中國廣州，那時的大陸已經改革開放近十年，我從未親身經歷過計劃經濟的年代。對我來說，那個計劃經濟的時代就像傳說一樣，人人都在討論它，卻不曾存在我的生活中。一方面，童年時期身邊的大人無一例外，都在驚嘆改革開放對國民生活帶來的正向改變，覺得自己的物質生活比起計劃經濟年代進步太多。另一方面，當大人們提起資本主義時，大部分的人都是咬牙切齒。也許是共產主義思想對社會的影響根深蒂固，人們都習慣性地把資本主義和邪惡、敵對、腐朽等負面概念畫上等號。年輕的我，其實不大理解。

當我慢慢長大後，對改革開放與之前計劃經濟時期到底有何不同，開始感到好奇。但同時也驚奇地發現，改革開放的核心不外乎是國退民進，尊重自由市場機制等，這些難道都不是資本主義的特質嗎？我漸漸意識到，年少時身邊大人的談話充滿了矛盾，其實他們所詬病的資本主義，正是他們歌頌的改革開放中的核心元素。

我十二歲時，國小尚未畢業，便跟隨父母移民到歐洲的荷蘭。有趣的是，即使是在言論自由的西方，資本主義似乎也是一個小小的禁忌，很少有人在公開場合正面評價。相比之下，宣揚收入分配，保護弱勢群體等的聲音卻理直氣壯許多。在上國高中歷史課時，在我印象中伴隨資本主義一詞一起出現的，往往都是像經濟危機、弱肉強食、人性貪婪、收入不均等概念。在二〇二一年的一個美國問卷調查，竟有過半年輕人對資本主義抱持負面印象[1]，而比例甚至有持續擴大的趨勢。

直到上大學進入經濟系，我才開始對資本主義有了較系統的理解。可以說，資本主義制度是人類最重要的支柱之一。我們必須承認，資本主義是人類至今為止創

1 Majority of young adults in US hold negative view of capitalism: poll https://thehill.com/homenews/campaign/560493-majority-of-young-adults-in-us-hold-negative-view-of-capitalism-poll/

造物質文明最有效的制度，沒有之一。在經濟學的範疇中，資本主義對人類社會的貢獻不勝枚舉。例如資本主義提高了人類生產效率，讓人類大概率在未來不會再面臨饑荒，它也讓越來越多人遠離貧窮，也讓人可以在解決生存之外尋求其他人生意義。

資本主義所帶來的物質豐盛，提高了人類可去外地或出國旅遊工作的移動性，讓人類大開了眼界，不斷地推高人類的文明水平。但這些都是老生常談，已經成為經濟學界的共識，並非本書關注重點。

資本主義能創造物質和財富的力量沒有爭議，但此制度最受人詬病的是它的倫理瑕疵，也是本書討論重點。正如前文所述，資本主義常被貼上貪婪、金錢至上、殘酷，因此不道德的標籤。其中一個例子是，現代社會有些人非常反感把勞動力商品化，認為這有損人的自尊。但如果當勞方在沒有被威嚇的前提下，自願提供自己的勞動力給資方，而這種雇傭能讓勞資雙方，都能實現自己目標時，難道這自願協議不是雙贏的行為嗎？

另一個例子就是，有些人會認為資本主義鼓勵人去逐利，這也是不道德的。但利潤往往代表了資本家為社會添加了價值，或者說為社會做了好事。而當商業行為變成利潤時，也會為商家下一次生產提供動力。通過贊頌美德和慈善來實現人文價值是低效且不穩定的，不大可能在社會整體實施。

在我看來，現代社會與傳統社會最大的差別是，我們不再視物質財富視為社會唯一的發展目標，而是把像民主、自由、平等、權益等以人為中心的人文價值，視為現代與傳統社會的分界線。也就是說一個國家是否文明，並不是看它有多少錢，而是它尊重人文的程度有多高。

而歷史告訴我們，注重人文的文明國家，往往是以資本主義作為經濟制度的國家。相反，沒有資本主義的國家不僅僅物質匱乏，而且是獨裁、神權、專制的溫床。作者認為，資本主義表面上雜亂無章，實際上也有彰顯道德倫理和人文價值的力量。並且在社會整體的層面上，通過資本主義實現人文價值的效果，遠比宗教信仰、頌揚美德、道德教育或理性制度設計來的穩定和自然。

我從不認為僅靠信仰、頌揚、教育、宣傳就能實現文明道德的社會。相反我更認同管仲所說：「倉廩實則知禮節，衣食足則知榮辱」。只要有溫飽物質豐盛生活的前提之下，才有可能去讓人們講道德和講人文。又有如馬克思所說，沒有經濟基礎（下層建築）的話，談上層建築也是徒勞而已。

當然，資本主義並不是一個完美的制度。但在我看來它和民主一樣，是人類文明發展至今最不壞的制度。資本主義的核心是自由，但它也有一直接受並包容來自平等主義方面的批判，不斷與時俱進和完善自身，從而迎合二十一世紀道德多元的社會。任何事都有代價，有得就便有失。資本主義制度中的自由也不例外。自由所帶來的代價就是風險與責任，自己選擇的價值，也必須要讓自己來負責承受相應的結果。

資本主義中人們所享有的自由並不代表大家就可以躺平，自由市場的核心是鼓勵人們去選擇、創造、冒險與負責。但總有些人期待社會一方面享受著言論和選擇自由，另一方面自己又批評資本主義所帶來的激烈競爭，無需為自己的選擇負責。在我看來這樣的人就太過東食西宿了。

推動人類文明進步的是價值和理念，並非物質和利益。但微妙的是，價值和理念，要通過豐盛的物質與利益來實現，而不是理性設計或頌揚說教。因此，透過資本主義來追求物質不僅不邪惡，反而是實現更高人文價值的手段。

李湛忻

二〇二三年十一月五日於東京

目次

推薦序　資本主義與人文價值
／國立台灣大學進修推廣學院院長　郭佳瑋教授　003
序言　資本主義很邪惡？　006
前言　資本主義和人文價值互相矛盾嗎？　015
第一章　理性設計經濟制度能實現人文價值？　043
理性主義的崛起　044
主張人類理性的計劃經濟和混合經濟　051
理性經濟設計真能彰顯人文價值？　057
回歸市場更能彰顯道德　069
第二章　資本主義無法彰顯人文道德？　081
人天生就是自利的　083
說教無法導人向善，但自由市場可以　087
從自利所產生的道德，是虛偽嗎？　097

第三章　資本主義和自由　105
資本主義和個人自由　107
資本主義和民主　119
資本主義就是消費主義？　128
第四章　資本主義與平等　137
社會底層從資本主義中獲利相對更多　0138
資本主義之下更有機會階級跳躍　141
馬克思的剝削理論和諾齊克的反駁　147
第五章　二十一世紀現代資本主義的多元與包容　153
現代經濟學演化史　157
再分配可實現公平正義？　162
收入再分配就是剝奪？　170
資本主義不斷在進化　172

目次

第六章　資本主義在未來社會的意義　175
關於計劃經濟可行性的傳統觀點　177
科技發展和人工智慧可實現計劃經濟？　181
只要人文主義不倒，未來社會也還需要資本主義　185
結　論　人文價值和資本主義制度都很脆弱　191
附　錄　經濟學雜想　203
附錄一　學經濟學有什麼用？　204
附錄二　現代經濟學從何而來：從古典到新古典　210
附錄三　為何馬克思主義經濟學注定失敗？　220
後記與誌謝　230
參考文獻　234

前言

資本主義和人文價值互相矛盾嗎？

對社會大眾來講，資本主義經濟與人文價值似乎是兩個完全相反的概念。

一講到資本主義，許多人的本能反應想到的就是一種如何賺錢的制度。大眾的直覺，一般都是社會裡面的人如何貪婪地賺錢和資本家如何瘋狂地剝削底層勞動老百姓。資本主義作為一種協調經濟活動與資源的運作系統，鼓勵個人在自由市場上競爭並獲取利潤，助長了社會分裂。相較於資本主義的醜陋，大眾對人文主義的理解往往正面得多。人文是普遍人性都認同並嚮往的價值，不論人種與文化。這些包括自由、平等、愛情、道德、多元等[2]。如此看來，資本主義代表了人性的醜惡而

2　人文主義之定義：IHEU（1996）IHEU Minimum Statement on Humanism. Humanists International, General Assembly.

人文的價值代表人性的善美，表面上看來兩者的確互不相容。

但在筆者看來，資本主義經濟制度和人文價值不但不衝突，甚至如果我們細看文藝復興後，西方乃至全球的歷史發展脈絡，我們可以發現兩者的關係是相輔相成的。甚至我們可以說，資本主義制度是人文價值的奠基石。沒有資本主義的經濟制度，人文理想也無法彰顯。直覺地認為人文價值和資本主義是雙方是互相抵觸的話，那就是我們對資本主義有誤解了。

人文主義的興起

一般來說，我們認為人文主義思潮是從十四世紀的歐洲文藝復興（Renaissance）[3]開始的。在文藝復興之前的中世紀時期，那是一個宗教深度影響人們思想的時代。相比起個人的理想抱負、所思所想、理想欲望等，人們更加重視宗教的價值、規範與教條。宗教告訴人們應該追求怎樣的價值，應該如何與人相處和如何生

3 文藝復興之定義：Carter, Tim and Butt, John. *The Cambridge History of Seventeenth Century Music: Volume 1,*（Cambridge University Press, Cambridge, 2005）p. 4

活。為了維持宗教的權威和社會的穩定，他們製作了許多規矩，規範人們應該相信什麼，決定事物的對錯，人們應該如何思考，甚至是如何生活。

在中世紀的歐洲，同性戀不被接受，追求財富會被視為是貪婪和不道德的，個人的欲望也會被看作是邪惡的。這些觀念的流行，都與宗教在中世紀社會中的地位很有關係。另外，雖然在東方沒有基督教和中世紀，但傳統的儒家禮教給中國社會帶來的問題也是類似的。在進入現代社會之前，中國社會也是充斥著對女性的壓迫束縛和保守迷信觀念。魯迅筆下《祝福》中的祥林嫂，就是一個瞭解中國傳統社會陋習很好的例子[4]。

但那個傳統保守的社會已經遠去，隨著十四世紀宗教影響力的衰退，人們開始重新思考身邊的社會與生命的本質。雖然表面上基督教似乎解釋了我們這個世界的樣貌和人生的意義，但隨著歐洲上層菁英的見識越來越廣，宗教給予的解釋已經不能滿足他們。人們的思想觀念開始改變，大眾開始把專注力從神與宗教，放到人身

4 Lu,Xun（魯迅）, *The New Year's Sacrifice*（祝福）,（Capturing Chinese Publications,2011）

上。

這些菁英發現在宗教的框架之外，如果以人的價值與感受為中心來理解世界，也許能更加容易發現身邊一切的意義。更何況，越來越多社會上層菁英開始意識到，在一千多年前沒有基督教的古希臘人，就是通過哲學與人文的方式來理解世界的。因此，後人也把這次中世紀後期的思想革命稱為文藝復興。要復興的就是古希臘的人文價值與思考方式。用最簡單的話來概括，人文主義所追求的，就是普世中每一個人都會追求的價值，包括理性、自由、平等、正義等等。

文藝復興所帶來的改變是多方面的，並慢慢在社會的不同方面呈現出來，一開始是在藝術繪畫方面，之後擴散到學術、政治乃至全社會的每一個角落。我在這裡舉兩個例子。第一，在藝術方面宗教不會再是唯一主題，繪畫雕刻文學中出現的人物也會更帶有如愛情、親情、貪欲等人情味。

第二點，在社會層面來講，由於宗教的漸漸缺席，社會少了許多權威和規範。之前有教會告訴人們應做什麼和不應該做什麼。但由於宗教的影響力不再，人們開始從自己的感受與理解出發，自己創建社會。許多好像曾經理所當然的觀念，都已經在文藝復興失去標準答案[5]。雖然經過了幾百年的發展與變遷，但民主制度、市場經濟、個人權利等的現代觀念都是從文藝復興開始萌芽。從那個時候開始，人們已經漸漸看到現代文明的曙光。

文藝復興後，對人的價值的重視變得越來越明顯，其影響直到二十一世紀今天。那些在文藝復興中人們所追求的人文理想，時到今日依然是我們現代社會所追求的普世價值，沒有太大改變。總而言之，人文主義主張最重要的是每個人個體的價值，而無需屈服於宗教、政治或任何集體主義的權威。

資本主義的由來

另一方面，資本主義經濟一詞出現相對較晚。一般來說，我們把十八世紀蘇格蘭哲學家亞當・史密斯（Adam Smith）視為現代資本主義經濟學之父。當歷史來到十八世紀的歐洲，那時候文藝復興運動已經開始了近三百年，天主教在社會中的影

5 例如在西方中世紀，人在世間一定要根據教義生活，不然無法上天堂。聖經是一切道德良善的定義。這些觀念都在文藝復興後，慢慢失去權威。

響力已經大不如十三世紀前的中世紀，而自由與平等的觀念也隨著同時期的啟蒙運動（Enlightenment）在歐洲各國開始萌芽[6]。

但儘管如此，仍很難說十八世紀的歐洲已經完全擁有了現代的人文特質。即使天主教的影響力已變小，但社會中的皇室與貴族依然存在。這些皇室與貴族位於社會金字塔最上層，在國家經濟中擁有特權。在這裡舉兩個例子。首先，十八世紀前的歐洲經濟發展主要還是農業，所以土地也是最重要的生產要素。由於社會中有特權階級的存在，絕大部分的土地都被貴族與教會擁有[7]。沒有土地的農民和手工業者就處於社會的下層，所以貧富差距巨大。

第二，當時歐洲主流的經濟觀念是重商主義（Mercantilism）[8]。簡單來說就是，國家的經濟利益比大眾福祉重要。富國強兵才是國家發展經濟的目標，而並非國民的生活水準。其具體經濟政策就是通過鼓勵出口與限制入口，累積黃金和貨

6 Conrad, Sebastian（1 October 2012）. "Enlightenment in Global History: A Historiographical Critique". The American Historical Review. P.117

7 Butler, Eamonn. *Adam Smith: A Primer*,（Inst of Economic Affairs, London, 2007）. p.2

8 同前。

幣，強化國家的經濟實力。同時政府貴族也對民間收重稅，壟斷某些高收入行業與配額入口商品，從而讓國家與政府的利益最大化。

從以上兩個例子來看，我們不難發現那時候的歐洲社會經濟離自由平等還有一定距離。但亞當・史密斯在一七七六年出版的《國富論》（*The wealth of Nations*）改變了經濟學。用最簡單的話來概括，書中的核心概念就是「要發展經濟，就要讓執政者鬆綁」。史密斯認為在市場中有一隻看不見的手（Invisible Hand），只要你放任市場自由發展，每一個人會找到他擅長的事情，從而提高效率和生產力（Division of Labour，分工），這樣市場整體自然也就會隨之蓬勃發展。

看不見的手的巧妙在於市場中的每一個個體，都為了自己的利益而生產與交易，但漸漸地這隻看不見的手會自我發展，從而把市場帶向繁榮，而無需政府任何的引導或監督。由於每一個人都可以按照自己擅長的技能和興趣愛好追求財富，也大大地增加了個體的主動性。

現代資本主義之父亞當・史密斯的思想成為了市場經濟的祖師爺，他所主張的自由市場和看不見的手，就是自由、平等與正義的表現。亞當・史密斯的邏輯是，

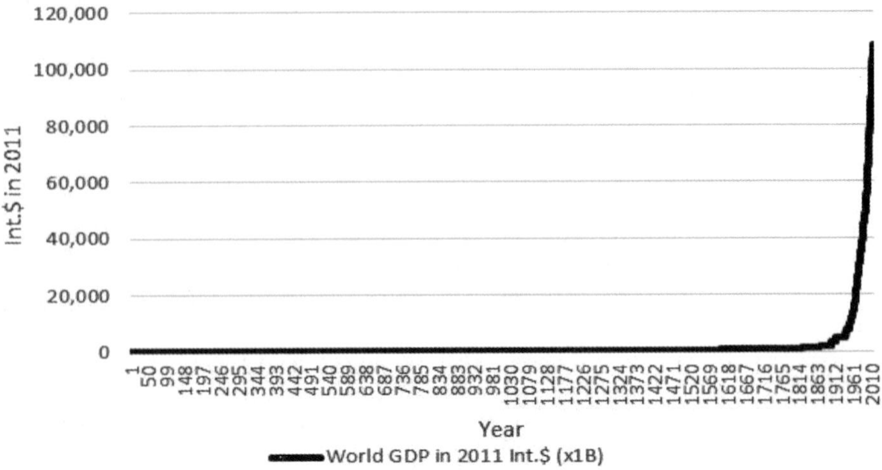

圖表 1　最近二千年世界GDP生產總值 World GDP in 2011 Int.$（OWID based on World Bank & Maddison , 2017）

與其把經濟體裡面的人分三六九等，或把財富集中在金字塔上層，一個更適合經濟發展的社會，應該是人人有機會在市場競爭，並擁有私有財產和追求財富利潤的自由。但自由市場所需要的不僅僅是自由，也需要一套透明有效的法制制度來懲罰不遵守規矩的人，從而保證公平正義。在一個可以自由進行經濟交易的社會，難免會有人不守承諾。一個公平有效的司法制度能保證不守承諾的人受到懲罰，令市場中的每一個人可以安心交易，不用害怕被騙。

雖然表面看起來給予每一個人自

由是無秩序的，但巧妙的正是因為有自由市場，每一個人都努力賺最多的錢，社會自然就會進入均衡，而財富也會越來越多。到最後市場裡面的每一個人都會是贏家。他把這種無需管理者干預，社會經濟自然就會出現秩序的現象稱為「看不見的手」（The Invisible Hand）。

西方國家在一八〇〇年後，陸續開始導入市場經濟，我們也因此看到了之後資本主義的蓬勃發展。圖表1是人類歷史最近兩千年的GDP生產總值，我們也能簡單地理解為我們所創造的總財富。我們不難發現直到一八〇〇年我們的創造財富的能力基本沒有太大變化，生活在一八〇〇年法國大革命前後的法國人與生活在公元〇年羅馬帝國統治下的高盧人相比，他們能享受的物質與財富並沒有相差多少。

但在一八〇〇年後，人類的財富開始大爆發，而物質的增長一直延續至今。財富爆發的原因就是因為世界各國導入了自由市場經濟，它給予了人們自己生產與創造的自由，從而解放了社會中的生產力。這同時也證明了要發展經濟，與其讓政府來統籌如何富國，還不如把決定權交給民間市場，這樣才能把創造財富的潛能發展到最大。

值得注意的是，資本主義和自由市場經濟雖然在絕大部分情況下是兩個同義且相通的概念，但從嚴謹定義來說兩者並不完全相同。自由市場指的是市場中的所有的決定與交易由供需關係來決定[9]，而並非政府。也沒有其他公權力規定，誰可以幹什麼，或不可以幹什麼。而市場中每一個個體可以自由競爭，通過生產換取利潤。市場的概念在資本主義出現前就有，即使在原始人沒有貨幣或小農經濟的年代，人們也總會有互相交換物品的需要。在古代，經濟並不發達，無論是需求或供給都很少，自然市場也會很小。資本主義主要指的是市場中人們擁有私有產權，而且不能被侵犯。財產或資本的擁有者可以用其進行投資，換取利潤，而利潤也會屬於資本財產的擁有者。而資本家應該如何生產，並生產多少等商業決定，完全由自由市場來決定。

亞當・史密斯想說的是，我們要讓市場中所有的決定和交易，都由每一個個體

9 供需關係定義：模型的需求與供給都是經濟學的基本概念，需求指消費大眾因需要一件產品而產生的購買要求；而供給就指企業生產響應大眾購買需求而提供的產品供給。供不應求（物以稀為貴）傾向價格上升，供過於求（降價促銷）傾向價格下跌。Taylor, Timothy. *The Instant Economist: Everything You Need to Know About How the Economy Works*,（Plume, New York, 2012）. P.12

自由地自願地來進行，不可受任何外力的強迫或威嚇。因為只有在這種情況下，市場才能壯大並累積財富。但同時公權力也扮演非常重要的角色，必須提供公正的司法和保護承認私有產權，這樣才能讓每一個市場個體能放心生產創造財富，不用擔心被騙。

從以上說明我們可以看出，自由市場是資本主義中絕對不可缺的部分，可以說是你中有我，兩者合二為一，成為了現代經濟的運行制度。雖然理論上，自由市場也可以沒有資本主義去運行[10]，但這只有理論上的可能性。在現實情況中，

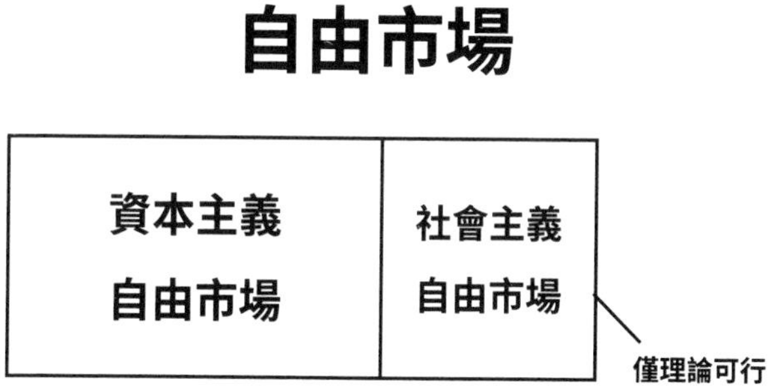

圖表 2　自由市場與資本主義關係圖

10 在一九七〇代末改革改革開放後的中國，政府透過市場化方式對經濟運行方式進行改革。但中國從未承認自己有資本主義體制。從理論上講，中國是一個有中國特色的「社會主義」國家。即使實際來看，中國的社會主義元素很少，與資本主義國家制度沒有太大差別。https://www.bbc.com/zhongwen/trad/chinese-news-58675497

在沒有資本主義和尊重私有產權的前提下，自由市場不可能蓬勃發展。因為私有產權和利潤是人類追求財富的動力，只有利益才能讓人努力地生產和向市場提供價值。相反，沒有利潤的誘因，即使有自由市場的話也沒有很大意義。換言之，自由市場基本上在資本主義的制度下才能發展，而相反，自由市場也是資本主義制度中絕對不可分的一部分。由於資本主義和自由市場兩者源於相同的原則與經濟土壤，並由許多重疊的特徵，因此在本書中這兩個概念也會交替使用。

資本主義與人文主義相輔相成

從上文中你是否有發現，人文主義和資本主義自由市場的核心同樣是普世價值。如果我們把人文的價值視為目的的話，而資本主義制度就是其手段與平臺。

人文的精神是以人類的利益與價值作為終極目標，強調個人的尊嚴與價值進行個人實現，其中就包括了自由和平等。其實，在資本主義自由市場中所追求的也是個人的價值。縱觀歷史，我們無法否定資本主義在建立現代社會中發揮了作用。在我看來，資本主義並非處於人文價值的對立面，相反它是實現社會自由與平等的基礎。其關鍵就是人文主義與經濟學一樣，都是以人心和人性為核心，而資本主義制度是目前為止最能符合人文價值的經濟制度。

一方面，自由市場尊重每個人都是利己的，也不強逼人去改變自利的特點。資本主義制度主張市場中的每一個個體都可以自由地進行創造、生產與追求利潤財富。因為只有自由才能夠激發每個人的主動性來創造財富。另一方面，亞當・史密斯也認為光有自由並不足夠，平等也是自由市場非常重要的元素。

市場中每一個個人或企業必須有公平的機會去進入某個行業或從事某種生產，不能讓社會中的特權階級所壟斷。什麼人做什麼事情，只能靠他的效率和生產力來決定，而不是他的社會地位。到底企業家的努力是否有意義，由市場說了算，做出了好的商品自然就會獲得利潤作為回報。市場中每一位個體和企業家原則上也是平等的，有好的想法，並且願意冒風險拿出資本來投資，就可以進入每一個行業。特權階層沒有權力壟斷某個行業，不讓其他人進入。

還有，社會必須有公平的法制制度，來保護每一個人的私有財產和權利。一旦市場有兩方的人遇到糾紛時，社會必須有一套公平公正的制度來評判對錯，否則一套不公平的法制制度也會影響市場製造財富的積極性。

在自由市場機制的邏輯中，一樁交易中的買賣雙方都是雙贏的，換言之，兩方都可以從中獲取利益。在賣家的角度看起來，要從市場中獲利唯一的辦法就是創造出買家需要的好產品或提供優良服務，從而為他人提供價值。並且，由於市場中大部分交易都是多次重複博弈，要想長期獲得利潤，誠實對應客戶是最好的策略。當市場中每一個人都遵從這一套邏輯，都努力地誠實地為他人提供價值時，社會道德就自然會建立起來。工作越努力，生產出來的商品越有競爭力，利潤就會越多。當每個人都努力主動為他人創造價值時，倫理道德自然就會建立起來。

更重要的是，資本主義的制度為社會底層大眾提供了保護自己自由平等權利的交涉籌碼，也間接帶來了民主制度的誕生。一人一票的民主制度的出現，除了少數像日本或伊拉克等因戰爭原因所創立之外，絕大部分情況都是社會中下層爭取和反抗而創立。而往往一開始，社會中下層的需求都不是什麼自由或權利的抽象概念，而是希望能保護自己的財富。

隨後三百年西方工業革命與財富爆發的成功就證明了亞當・史密斯的理論是

正確的。在筆者看來，資本主義自由市場之所以成功，就在於它最大程度地尊重了人文價值，給予了市場裡的每一個個體自由與平等去交易。對財富有欲望的人會努力工作，並獲得財富；有能力有天賦的人，也會在市場中獲得相對的高回報。一方面，市場制度最大程度地刺激每一個人生產的積極性，令社會能創造出越來越多的財富；另一方面，自由市場也能兼顧到每一個人的不同的價值與判斷，並能在同一市場裡競爭。誰對誰錯，由市場說了算，誰能按照自己的想法和努力獲得更多利潤，誰就是對的。

固然自由市場制度並非完美，收入的不平等和波動性大不穩定等問題，一直都被攻瑕索垢。但面對資本主義的瑕疵，我們應該主張改良，而並非像計劃經濟那樣取締自由市場，完全否定資本主義，這樣只會造成更大悲劇。事實上，資本主義也自知自身的不足，自由市場制度在各國也有不斷地在進化，融合來自平等主義的要素。西方各國通過稅收進行收入再分配就是一個很好的例子，這些政策，都代表了各國政府為了讓資本主義社會更能包容人文價值所做出的努力。

資本主義和人文價值的矛盾從何而來？

希臘雅典大學經濟學教授，也是希臘前財政部長，瓦魯法克斯（Yanis Varoufakis）有在他的著作中[11]提到，他在二〇一五年時參加處理歐債危機問題。在這期間他深深的感受到西方民眾雖然生活在資本主義的環境之中，但對於這個影響著我們生活許多方面的力量，理解度嚴重的不足。相較於像移民或衛生等大眾熱門議題，絕大部分民眾對於經濟議題的核心原理缺乏瞭解，基本上依賴政治菁英讓他們說了算。

現代人對於資本主義的負面情緒，在筆者看來，就猶如孔子所說，長期在資本主義社會生活，就像「如入芝蘭之室，久而不聞其香」。回到一開始的問題，為何到了現今社會，大部分社會大眾直覺都認為資本主義與人文價值是矛盾的呢？筆者認為主要有兩點，分別是資本主義制度被過度妖魔化，和對物質與價值關係的誤解。

首先第一點，我認為從十九世紀開始，隨著像共產主義等的左派思潮的興起，

11 Varoufakis, Yanis. *Talking to my daughter about the Economy or, How Capitalism Works—and How it Fails*（Vintage, New York, 2019）

資本主義被嚴重的妖魔化，雖然過程中有多次被反轉糾正，但其影響一直延續到二十一世紀。其中最有名的例子就是馬克思（Karl Marx）與其著作《資本論》（*Das Kapital*）。在資本論中，馬克思論述了他對資本主義制度的批評，認為純資本主義自由市場制度有其內部矛盾，最終一定會自我滅亡。而馬克思寫此書的靈感，就是來自於他在倫敦時看到底層工人的工作環境慘況與社會不公，他認為這就是放任資本主義發展的結果。相反，他提出了以公有制經濟為主體的共產主義社會作為代替方案。

在此我必須強調，我並不認為自由市場是百分之百的完美制度，自由放任其發展也會出現如收入不平等、大企業壟斷、經濟發展不穩定等問題。但我認為，馬克思所說的取締資本主義主張太過極端。畢竟，自由市場制度最有利於經濟生產與財富價值創造，同時也是最符合人性和實踐人文價值的制度。

所幸的是在二十世紀中，真正實行過共產主義的國家屈指可數，並不太多。世界上絕大部分國家都是以保留市場制度，並對此進行改良為主要經濟發展方針。大部分國家都在資本主義制度的基礎上，混入了社會主義的元素。如警察和消防等的服務公共化，或實行社會福利制度等。即便如此，我依然認為西方主流社會過度強調自由市場的副作用，而忽略了其實資本主義才是現代社會的中流砥柱。以至於許多大眾一提起資本主義第一直覺就是負面反應。

第二點，我認為社會主流對於抽象價值和具體物質的理解過於黑白分明。許多人認為人文精神所追求的就是抽象、高貴而純真的價值。相反，資本主義所代表的就是現實、骯髒且表露人性陰暗貪婪的一面。就好比我們一談論愛情本能就覺得它是純潔與高貴的，如果與金錢財富掛鉤的話便會令其變得骯髒與醜陋。我認為如此二分法的理解太過極端，也不大現實。相反，我認為通過馬斯洛金字塔（Maslow's Hierarchy of Needs）來理解物質與精神價值的關係更加貼切[12]。

馬斯洛金字塔原本是一個心理學理論，用來描述人類的需求。馬斯洛把人類的心理需求分為五個層次，分別是生理需求、安全需求、社交需求、尊重需求和自我實現需求。雖然這個理論本來是用來分析人的心理需求，但我們可以借用這個框架來說明金錢物質和精神價值的關係。在金字塔最下層的生理尋求，指的就是人類最

12 Maslow, Abraham H.（1943）. "*A theory of human motivation*". Psychological Review.

基本的生存需求，如物質、食物、水等，而在生理需求以上的基本上都是與生存無關的精神價值。在我看來，物質是人類的基本需求，就像社會中的資本主義制度一樣，我們必須先有一個高效創造物質財富的制度。

當社會中物質需求滿足後，我們才去考慮精神層面上的需求。所以我們看到，人文藝術最發達的國家，往往也是最富裕的國家。管仲說：「倉廩實則知禮節，衣食足則知榮辱。」便是這個意思。所以我認為，追逐金錢物質和嚮往人文精神並非互相抵觸矛盾，而更多是有前後邏輯與互補的關係。

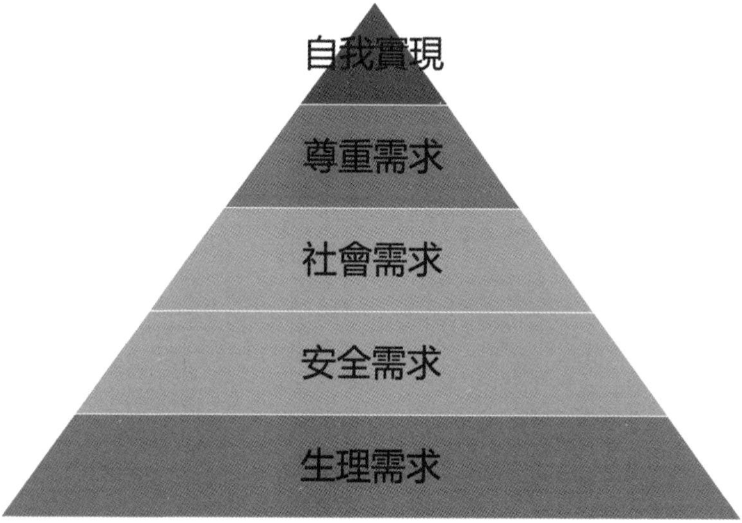

圖表 3　馬斯洛需求層次理論（Maslow's hierarchy of needs）

雖說如此，還是有許多人誤會了在資本主義制度中，必然就會產生物欲橫流的拜金主義。這其實是一個很大的誤解。選擇用資本主義或自由市場作為經濟運作的機制，的確能很有效率地令經濟發展並帶來物質財富，但這並不代表物質、財富、金錢就是社會經濟發展目的。相反，即使有資本主義存在，在我看來經濟社會發展的目的依然是人文價值，而資本主義只是手段而已。

無論是東西方，古人早就發現，人類對身邊的人和事物是有愛和感情的，是會不顧利益為他人奉獻的。亞當．史密斯的《道德情操論》（*The Theory of Moral Sentiments*）如是，孟子所說的「惻隱之心，人皆有之」如是。但是這些對他人的愛和感情，僅限於自己身邊的人和事物，是有邊界的。在面對邊界外的人時，歷史告訴我們人類會表現出殘忍、自私、冷漠等惡的一面。這是我們人類的天性，無法改變。但當我們的文明越來越發達，需要陌生人之間互相協作時，人類利己就成了絆腳石。

在資本主義出現之前，古人給出的解決方案是，社會上層要向社會大眾進行美德頌揚（也可以說是洗腦）。古代的西方和中東發明了宗教（如基督教和伊斯蘭教），而中國發明了禮教（如儒家），其共同點非常相似，就是來導人向善。不能說這種辦法沒有效果，的確人類的文明水平在這些道德說教出現後有所提升，縱觀歷史效果不明顯。

這就好比一家公司通過宣傳口號，希望員工努力工作，卻對員工薪水的支付一毛不拔一樣。再說這種說教由於沒有利益捆綁，很多時候古人都是說一套做一套。《金瓶梅》裡的西門慶，表面上與商業夥伴稱兄道弟，但為了利益私底下還是暗中計算。宗教改革前歐洲的神父，嘴巴上滿口仁義道德，私底下卻販賣贖罪券，換取金錢。但現代資本主義奇妙的是，它能把道德和利益捆綁在一起，即使是面對自己毫不關心在邊界外的陌生人，我們也能為了自己的利益而以誠相待，創造價值。

沒有資本主義制度的社會是什麼樣子？

從另外一個方面來看，沒有資本主義制度的國家或社會真的無法彰顯人文主義價值嗎？要證明這一點，我們只需要看一下曾經在二十世紀存在過的共產主義國家就知道了。共產主義思想認為放任市場自由發展只會帶來經濟亂象和貧富差距加大。此外，共產主義者在經濟上主張生產資料公有制，從而解放無產階級，實現真正的人人自由與平等。

共產主義充滿理想，但實踐後結果又是如何呢？解體前的蘇聯和改革開放前的中國就是實現共產主義社會結果最好的例子。可以說，否定自由市場的共產主義社會，既沒有實現自由也沒有實現平等。一方面，共產主義國家從未實現民主選舉，言論和表達的自由受到高度限制，毫無個人權利可言。

另一方面，為了實現人人平等，資源和財富分配的任務就完全由政府來執行。這樣就讓政府獲得絕對權力，從而政府與民眾間也出現了巨大的不平等。更何況在歷史中，沒有自由市場的共產社會充滿了大範圍的貧窮甚至出現過饑荒。在如此的社會中，人文價值實在無處彰顯。

經濟是手段，人文才是目的

許多現代人都認為經濟學是現實和功利的，代表的是利益計算，而人文價值是代表思想和理想情懷。經濟利益代表理性，而道德往往是非理性。兩者沒有什麼交集。一旦在討論經濟問題時提到價值和道德，往往就會覺得很虛。彷彿經濟和道德兩者是反義詞，河水不犯井水。在我看來，這認知完全是一個錯誤。

所謂經濟學的現實利益，我們不能直接把它和金錢物質畫上等號。如果說人生活著的目的就是物質享樂和金錢物質，相信世上沒有多少人會同意。人對利益有所追求，我認為更準確地說是對重要的東西有追求。而什麼東西重要，就要看當事人個人的價值觀了。人們努力的工作表面上是為了金錢，實際上也許是為了能有更多自由去旅遊，多看看這個世界。

如果我們看經濟問題只機械性地看到物質上的利益，而沒有看到背後價值，如此看待經濟學只會浮於表面，所導出來的結果反而失真。這讓我想起一個我曾經看過的經濟學故事，國外曾有一家慈善機構為了鼓勵人們主動去捐血，便推出每捐血一次便能獲得一定金額報酬的活動。這家機構以為只要提供金錢上的報酬，一定就會有更多的人來捐獻。但事與願違，事後他們發現其實捐血的人比之前更少。

先不說捐血收錢這事是否違反了人類道德，經濟學家提出的解釋是，本來捐血能給人帶來一種對社會有奉獻的自豪感，但能收錢這個「低俗」的舉動反而抹滅了本來的自豪感。這就是一個忽視價值，只看金錢利益而適得其反的例子。

其實雖然經濟學家一般都使用數字或金錢作為單位來表達利益，但這只是一種便利簡潔的思維方式而已，並不代表我們一切的經濟活動一切都為了錢。例如從微觀來說，人們對咖啡有需求，咖啡無疑能為人帶來享受，而這種享受因人而異也很難量化，所以經濟學家們才用價格作為衡量單位。再從宏觀來講，人類生存在這個世界上都會追求幸福，但由於幸福的定義因人而不同，為了方便我們才用錢作為單位。所以，經濟學家們才會發明出國內生產總值（GDP）作為經濟實力的單位，假設越有錢的國家的人越幸福（當然此假設是否成立，還需商榷）。

另外，我們無法否認物質和利益對人類社會很重要。而正因為資本主義能在高效地創造財富的同時，又能讓每一個人為他人提供價值。讓每一個人為了自己的利益去做好事，總比為了禮教、宗教、教條來得穩定。歷史告訴我們，要人自覺遵守道德做好事，在家庭或小群體間也許能運行；但到了需要與陌生人協作的社會層面，要實現人文價值，還是靠能創造利益的資本主義比較管用。因此，我們不應該本末倒置，資本主義的經濟制度只是手段，人文價值才是人類在現代社會中需要實現的目標。

本書章節

本書所有章節都是圍繞討論現代資本主義制度和人文價值的關係。

在第一章，我們會先探討前人為了實現人文價值，通過理性來改造資本主義的數次嘗試。在文藝復興之後，再次興起了古希臘用理性科學來理解世界的傳統，這股風潮也燃燒到了經濟學。但可惜，我們很難說近一百年嘗試改造自由市場的嘗試是成功的，相反僵硬地設計與干預市場機制帶來了許多悲劇。

第二章主張資本主義並非不能和人文價值兼容，相反資本主義和自由市場是人文道德的先決條件。人類本來就是自利的，可謂本性難移。然而資本主義制度一方面無需人類改變為了自己利益而努力的欲望，另一方面可以同時令所有人都能為他人創造價值，令利他在資本主義制度裡成為利己的唯一方法。

第三章主要討論自由主義。個人自由是資本主義的主要核心，也是現代社會運行的核心。確實在自由市場的機制中，自由競爭的角色非常重要，也是現代人類社會創新與進步的源泉，有人說自由競爭違反人性，但在自由市場中合作和互利才是主流，我們無需誇大人與人之間的矛盾競爭。資本主義也捍衛了民主制度。民主主義和資本主義都有許多共同的普世價值條件作為基礎。

在歷史上，許多國家的民主化過程一開始，也是老百姓為了維護自身經濟利益，才決定爭取民主的。所以兩者是相輔相成。第三章也討論消費主義與資本主義的關係。有人認為資本主義帶來了消費主義，令人沉醉在物質和消費者之中，無法自拔，令人墮落並且失去自由。但本書認為，是否沉淪是個人選擇，要看個人修養。相反，資本主義帶來了更多選擇，有選擇方能彰顯自由。

第四章討論資本主義制度中的平等問題。歷史證明，也許資本主義有令收入分佈不均，但事實上在經濟增長時候，大部分情況都是全民生活水平和購買力都有改善。甚至相對來講，社會底層獲利更多。另外，馬克思所提出的上層社會剝削下層勞工的理論也站不住腳，不能說有勞動的人沒有獲得滿意回報就是剝削。

第五章，資本主義自身一直也在不斷在調整與進化。到了二十一世紀，資本主義之中已經混入許多平等主義的理念，關於自由的定義也五花八門，逐漸多元化。

在第六章，我們會展望未來，並討論未來的社會是否還需要資本主義和自由市場制度。有人認為，隨著科技發展，當公權力能夠掌握足夠多的訊息和數據時，也許就能實現計劃經濟甚至是共產主義。但在筆者看來，即使技術繼續進步，大概我們的社會也不會往中央化發展。相對，經濟越複雜，越需要個人自由、創新和放權來實現增長。所以未來社會依舊需要資本主義。

在結尾，筆者認為資本主義制度也是非常脆弱，需要我們去堅守與保護。資本主義所主張的原則，也許會和政治家的利益發生衝突，一旦資本主義制度被摧毀或出現嚴重倒退，輕則我們可能需要數十年的時間來慢慢重新建立，重則人類有可能要經歷像共產主義國家所經歷過的悲劇。

第一章

理性設計經濟制度能實現人文價值？

歐洲在十四～十六世紀經歷文藝復興的洗禮後，宗教的影響在人們的心目中大為減少。在文藝復興之前，人們需要天主教告訴自己應該如何生活和遵奉怎樣的價值。聖經有如世間萬物一切的標準，而人類就必須壓抑自己的感情與價值從而遵守宗教的道德戒條。但文藝復興運動的崛起改變了這一切，人們開始把注意力專注在人類本身的思想與價值。衡量世間一切善惡和對錯的標準也慢慢地從宗教戒律，變成我們人類所共有的人文特質。

理性主義的崛起

雖然我們離文藝復興的時代已經過去數百年，但現代社會要實現如自由、平等、正義等的人文理想的目標時至今日卻從未改變。那麼我們人類應該通過什麼樣的方式實現人文理想呢？在之後十七到十八世紀的啟蒙時代，推動社會進步追求人文理想的主要方法就是我們人類的理性。這並不是說人類是從啟蒙運動之後才開始使用理性，而之前的古人卻沒有；古人當然也有理性，不然他們也無法造出像金字塔、鬥獸場或萬里長城等的偉大建築。

我們人類除了擁有理性外，同時還用感情、直覺、宗教、信念、猜想、情感等的思想工具來判斷事物的是非對錯。我們常說理性是現代社會的思想動力與核心，其實只是在現代社會中相對於其他工具，我們更注重理性而已。直到今天，我相信大部分人的愛情認知與一生伴侶選擇也是靠情感和直覺吧。完全依靠對方的財富，社會地位或收入等理性客觀標準來對待愛情的人，相信在現代社會的今天依然是少數。從以上例子我們不難看出即使到了今天，理性也不是我們人類判斷事物的絕對唯一標準。

那到底為何在文藝復興後的歐洲會刮起理性主義的風潮呢？主流學界認為這和兩千年前的古希臘的哲學傳統很有關係，因為和文藝復興的歐洲一樣，古希臘人就是希望通過人類自身的理性思考來理解世界的。如果從我們現代的視角回看兩千年前的地中海諸國歷史，我們不難發現古希臘其實是一個很獨特和奇怪的地方。在世界進入農業革命後，古希臘一開始就像異類一樣，赤貧的土地使古希臘人無法發展農業[13]。但同時平靜的地中海卻給古希臘打開了一面新的窗戶，蓬勃的商業打開了古希臘人的眼界，也令其社會結構與宗教與其他地中海國家不同。

雖然說古希臘與同時期如埃及和波斯的鄰國一樣擁有宗教，但宗教的影響力卻與那些國家相距甚遠。一般來說，宗教存在的意義很大部分是幫助為政者安定社會，給予人們信仰，讓大家安分守己生活，不會胡思亂想。所以絕大部分的古代國家都有非常強勢的宗教，非常看重人去相信宗教，而且並不鼓勵大家擁有自由的思想去懷疑。所有人們的求真。懷疑和好奇的想法最終都面對宗教力量的牆壁，不符合宗教論述都是錯的。

當時的古希臘就像一股清流，沒有全知全能的上帝，只有像宙斯、維納斯等和人類一樣有七情六欲的神。相對弱勢的宗教就給予人們空間去懷疑身邊的表象，使人追求絕對的真理，而古希臘人所使用的方法就是他們自己的理性。文藝復興之所以叫做復興，就是當時的歐洲人希望能和古希臘人一樣，能夠弱化宗教並通過自己

13 古代文明中如中國文明，兩河文明與埃及文明的崛起，都與農業高度發展很有關係。而古希臘是一個大例外。

的理性來瞭解身邊的世界。

理性主義所帶來的影響

總體來講，我大致認同理性主義是成功的，同時它也帶給人類社會許多正面的改變。這些正面的改變在科學技術方面尤其明顯。古人通過自己的理性來認識身邊的大自然，打破社會中的固定觀念，為科學帶來極大的進步。像牛頓發現地心引力，愛因斯坦發現相對論，達爾文提出演化論等的例子，這些在物理學、生物學和化學等領域上獲得的進步都大大地改變了人類後來的物質生活。

沒有這些前人帶來科學的進步，也許就不會有後來如電視機、汽車、智慧型手機等的偉大發明。在我看來從理性帶來的科學最大的特點，是我們發現身邊的大自然最底層邏輯是可以通過數學描述的[14]。而大自然的邏輯也是普遍的、客觀的，到世界什麼地方皆準的。

14 Lavoie, Don. *National Economic Planning: What Is Left?*（Mercatus Center at George Mason University, Arlington, 2016）p.13

打個比方，水在一百度時會蒸發，〇度時會結冰，這個現象四海皆準，也可以用數學來表示描述。用如此的方法來看待大自然中水的蒸發與結冰現象，這就是啟蒙運動後的人類科學觀。還有一點，科學家也習慣用非常簡潔的數學公式與模型，來囊括複雜多變的大自然現象與物理學知識。這些數學方程式簡潔且優美，並且可以簡單明瞭地概括所有現象，彷彿讓人們找到了大自然中一以貫之的真理。能解釋能量與質量的愛因斯坦質能方程式[15]如是，把電、磁和光統歸為電磁場現象馬克士威方程組合（Maxwell's Equations）[16]如是。

這種通過理性客觀數學看待問題的方式，也影響了其他非自然科學的學科。在這裡我舉兩個例子。第一是心理學，大名鼎鼎的奧地利心理學家佛洛依德（Sigmund Freud）就是一名積極嘗試把科學研究方法導入心理學的人。他嘗試通過患者的病歷作為數據並進行分析，從中找出一以貫之的規律來解釋人的心理是如何運作的（精

15 Mass-Energy Equivalence, $E = mc^2$, https://plato.stanford.edu/entries/equivME/

16 Maxwell's equations, (1) div D = ρ, (2) div B = 0, (3) curl E = -dB/dt, and, (4) curl H = dD/dt + J, https://www.maxwells-equations.com/

神分析學）[17]。許多為人所知的佛洛伊德心理學的理論，如人格、潛意識、性心理發展、童年心理對成年人之影響等，都是用這種理性的方法導出來。固然人心難測，許多他的心理學理論頗受批評。甚至停留在假設的階段。但佛洛伊德有名之處並不在於他的理論是否正確，而是他分析心理學的方法。

第二是政治學，在美國獨立之前，基本上每一個國家的政治體系都是自然形成的而非後天由人類設計製造的。無論是明清的帝王專制，阿拉伯帝國的政教合一，中世紀後期歐洲的世俗與教廷權力分立，英國的君主立憲制等等，本質都是從當地現存的政治現實從而慢慢演化而來。換言之，那些制度的形成並非由某一群人從零到一，在某一瞬間設計而成。相反，它們是在歷史的長流一步一步自然形成。

這些自然形成的政治制度，與其說它們是在理性上最適合那個國家的文化與人民，我認為那只是讓一國人民最習慣的制度而已。雖說如此，在近代就有一個很大的特例，那就是美國。美國的政治制度可以說是從無到有創造出來的一套政治運

17 延伸閱讀：精神分析學。https://www.verywellmind.com/what-is-psychoanalysis-2795246

行系統。從《五月花號公約》，到《獨立宣言》，再到《美國憲法》，美國的開國元勳們通過自己的理性，根據自身的理想和參考歐洲的各種模式，設計出一套適合自己並能實現美國理想的制度。

理性主義之風也影響了經濟學

這股對於人類自身的理性自信的風潮也吹到經濟學範疇，在十九世紀的歐洲有不少的經濟學家對當時主流的經濟制度十分不滿，認為資本主義制度過度放任並雜亂無章，無法實現像自由、公平與正義。那些經濟學家主張人類應該通過理性，設計出分配資源最好的經濟制度。表格1簡單地整理了三種主流經濟制度。並從是否認同市場機制和需要公權力的行政命令來干預作為分類。我把亞當．史密斯所提出的古典理論稱為

	無市場機制 (非資本主義)	**有市場機制 (資本主義)**
不用行政命令干預經濟 （主張放任市場）	-	市場經濟
用行政干預經濟 （主張理性干預市場）	計劃經濟	混合經濟

表格 1　二十世紀主流經濟學理論光譜

市場經濟，主張市場機制是最有效的經濟運行方式，無需公權力介入。

計劃經濟是另一個極端，認為市場經濟是一個會引起社會危機的制度，必須通過公權力手段進行取締，然後人類可以通過自己的理性設計一套新的制度代替市場經濟。最後是混合經濟，此制度處於市場經濟和計劃經濟中間，認為經濟同時需要市場的力量，也需要人們的智慧去修補、調節和干預市場，實現市場無法做到的事情。關於這三種思想，我會在下文做詳細解釋。

主張人類理性的計劃經濟和混合經濟

我把主張通過理性來改造經濟制度的思想分為兩派。

通過理性設計出來的計劃經濟

第一派是以共產主義為代表的計劃經濟，而馬克思的名作《資本論》（*Das Kapital*）就是其理論最有名的代表。共產主義和計劃經濟思潮的出現與當時十九世紀的工業革命很有關係。當年馬克思在工業革命最蓬勃的倫敦看到的，除了有蒸蒸日上的經濟和黑塵滾滾的工廠外[18]，他也看到了每天為了很少薪水而付出勞動的工人和貪婪富有的資本家。

在馬克思眼裡，資本家和工人的收入不對等，這是一種不正義的剝削，而且這需要被改變。而這一切的不平等都是資本主義造成的。當時的馬克思就在思考，如果自由放任資本主義發展將無法實現正義，而且還違反人文價值，那我們可不可以推翻它，通過自己的理性重新設計出一套可以實現人文理想的經濟制度呢？而這個想法就是計劃經濟的開始點。計劃經濟是一套完全否定市場經濟的理論。

支持計劃經濟的人會認為資本主義放任社會個人追逐財富，釋放了人類自私的惡，令社會經濟雜亂無章並產生貧富差距，從而令社會產生不安定因素，所以市場經濟注定會自取滅亡。計劃經濟的支持者認為資源與生產資料不應該由市場來分配，相反應該由公權力或政府，通過中央行政手段按照需求來調配。

18 Sandelin, Bo and Trautwein, Hans-Micheal. *A Short History of Economic Thought,*（Routledge, Oxfordshire, 2014）p.35

也就是說，一個社會應該生產多少東西，生產什麼東西，價格是多少等經濟上的活動，全都應該由公權力通過社會需求來計劃，而不是由市場裡的每一個人來決定。他們覺得，只要執行計劃經濟，什麼經濟危機、收入不公等問題都會解決。共產主義對市場經濟的看法比一般的計劃經濟思想更為極端，認為連私有制都應該被取消，所有生產物料都應該被共有化並由無產階級所領導的政府來進行分配。

主張經濟可以被調控的混合經濟

另一派我們一般稱為是混合經濟，在這裡混合指的是要把市場的力量和政府理性的行政混合在一起。混合經濟的主張遠無計劃經濟來得極端，也不認同市場體制應該消失。一方面，混合經濟承認市場機制的力量，並認為給予每一個人生產自主權讓其自由平等競爭是發展經濟和實現富裕社會最好的方法。但另一方面，放任資本主義自由發展的確也是社會不公等問題的原因，所以公權力還是有需要去對市場進行干預，減低其副作用。

混合經濟給出的經濟運行方案是市場機制為主，政府干預為副。混合經濟最有名的代表思想是凱恩斯主義[19]，他的思想起源於二十世紀三〇年代，與經濟危機很有關係。在一九二九年美國發生金融危機後，歐美乃至全球經濟進入大蕭條。按照古典經濟理論的說法，市場自身有調節功能，只要蕭條過了一段時間後，經濟自然又會發展起來達到平衡。就好比在蕭條中，市場中的每一個人對未來都很悲觀不願花錢，所以商家為了賣出商品只好降價。但只要價錢降到一定水平，自然就會有人去購買，需求上升也會刺激供給，經濟自然就恢復了。

凱恩斯並不懷疑市場有自我恢復這個能力，但整個過程還是有很多令現代社會無法接受的短處。例如經濟危機在資本主義體制中是常態，每隔數十年就會發生一次，令人經常性地處於經濟恐慌之中。另外凱恩斯通過自己的模型推出自由市場制度注定無法實現全民就業（Full Employment），與人文主義中自我實現的理想也不相符。最後，這也許也是凱恩斯主義最主要的主張，就是他認為市場自我調節的速度太過漫長。

19 同前。p.87

先不說整個過程令人感覺太過痛苦，更重要的是漫長的蕭條會讓民眾對社會失去信心從而帶來動亂，損害西方社會來之不易的民主體制。凱恩斯覺得既然市場的自我運作並非完美，那我們可以通過公權力實施一些行政的救市手段來干預，協助和刺激市場。我們現在經濟新聞常聽到的貨幣政策（Monetary Policies）[20]或財政政策（Fiscal Policies）[21]想法的源頭都可以追溯到凱恩斯。例如當民眾不願意花錢時，國家中央銀行可以通過貨幣政策降低利率，讓民眾可以更便宜地借到錢，從而進行消費或投資。另外，當社會失業率過高帶來社會動蕩的時候，政府也可以通過財政政策主動進行投資（如高速公路或火車鐵路等的基礎建設），製造就業讓人們有工作做，從而減低民怨。

以上計劃經濟與混合經濟兩派思想的一大共通點，就是兩者都主張通過人的理性來改造或影響自由市場制度。如果我們把讓每一個人自由地競爭和追求財富的資

20 Taylor, Timothy. *The Instant Economist: Everything You Need to Know About How the Economy Works*, (Plume, New York, 2012) p.201

21 同前。p.170

本主義自由市場視為自然的狀態，那麼計劃經濟就樂觀地認為人類的理性能夠創造出一個更好的制度來代替市場，而混合經濟就覺得我們的理性無法代替市場卻可以引導和干預其運作，減少市場的副作用。

能夠通過人類自己的理性來設計經濟制度的想法在二十世紀影響非常深遠，無論是計劃經濟還是混合經濟，兩者在不同國家都曾經是主流。共產主義國家便把計劃經濟奉為圭臬，通過政府指令教條式地執行計劃經濟。蘇聯如是，改革開放前的中國如是，柬埔寨古巴等共產主義國家如是。

在美國羅斯福新政和第二次世界大戰結束後，混合經濟和凱恩斯的理論在西方也有很深的影響。直到二十一世紀，主流經濟依舊認為，輕微的通貨膨脹有助於實現全民就業並帶動經濟增長。另外，一旦遇到經濟不景氣時，就實施財政政策和貨幣政策來干預市場。這些想法和政策的源頭，都可以追溯到凱恩斯。

理性經濟設計真能彰顯人文價值？

我們不會懷疑理性主義給人類帶來了巨大的影響與進步。科學進步、工業發展和數位革命等都深刻地改善了我們的生活。在啟蒙運動後，人類看著自己通過理性所獲得的成就曾經對未來非常樂觀，彷彿人類在啟蒙革命前遇到一切的不幸都是因為我們無知愚昧，只要我們的理性繼續發展進步，我們便可以征服自然獲得幸福。雖然這種對理性的崇拜其影響一直有延續到二十一世紀的今天，但我們對待理性的看法相比一百年前已經悲觀了許多。

工業革命令人類的生產力提高了數百倍，但同樣二十世紀的兩次世界大戰中，我們生產武器的數量與其殺傷力，也是以前的數百倍。網際網路、手機等發明給人類提供前所未有的便利和娛樂，但同時我們也要面對社交媒體焦慮、和家人吃飯眾人低頭看手機的問題。當民主政治在歐美社會扎根成熟的同時，在某些國家卻離民主自由越走越遠，強人政治和獨裁專制在非歐美國家依然盛行。

以上例子似乎都在告訴我們，也許理性能帶給我們物資和形式上的進步，但它無法直接滿足像自由、公平、正義等人文價值需求。曾經我們以為我們能靠著理性便能找到幸福的願望，彷彿已經破滅。也許人類之前對自己的理性太過樂觀了[22]。

對於人類嘗試理性設計並改造的反思，同樣發生在經濟學領域。從十九世紀初期到二十世紀末的一百多年間，經濟學術界都把主張讓市場自由發展與調節的市場經濟稱為古典理論，這彷彿就在暗示完全依靠市場機制來管理國家經濟是不合時宜且低效的。在二十世紀的絕大部分時間，事實上純市場經濟的主張都不是主流思想。相反主張通過人類理性。來改造或干預市場的計劃經濟和混合經濟，一直都佔相對上風。但這兩者都在二十世紀遇到了不同程度的「滑鐵盧」。

計劃經濟的失敗

讓我們先來看一下計劃經濟。眾所周知在二十世紀有數個共產主義國家曾經真

22 關於批判理性主義 Popper, Karl. *The Logic of Scientific Discovery*（*2nd English ed.*）.（New York, NY: Routledge Classics, 1959）

實採用過計劃經濟。其中就包括蘇聯和中國。在計劃經濟的體制中，社會應該生產什麼，生產多少，商品貨物與服務應該用什麼價錢進行交易等全部由政府決定，並由國營企業進行生產。

計劃經濟的本意是希望通過把所有的生產資料國有化，從而避免因私有化所產生的資本家，對工人及無產階級進行剝削。這樣便可實現社會所有人的絕對正義與公平。另一方面，計劃經濟的擁護者認為資本主義的本質就是不穩定並會定期出現經濟危機，其原因就是因為市場經濟放任個人自由選擇，當每個個人和企業都按照自己對未來的判斷進行生產，而現實情況卻和期待有落差時，經濟危機就會發生。所以經濟生產決定權不應該下放到民間，而是由中央公權力來決定。

很可惜，歷史證明了如此由中央來計劃與控制經濟注定是失敗的，所有採用計劃經濟的國家（如蘇聯、中國、越南、古巴、北韓等）無一例外。回顧那些國家採用計劃經濟的歷史，我們不乏看見貧窮、物質匱乏與饑荒。計劃經濟國家連基本的物資與溫飽都無法保證，更勿論什麼自由與正義等的人文價值。也許有人會認為計劃經濟與共產主義實現了人人平等，但這種平等實際上是人人一樣的貧窮，在我看來毫無意義。

對於計劃經濟注定失敗的原因，研究共產國家的經濟學者又提出許多反思。如經濟體制內因沒有私有制缺乏良性競爭，國營企業生產沒有效率和政府無意願創新云云。但以上所有解釋的共同點都是認為政府和公權力，沒有能力代替市場機制。首先，在自由市場中，無數人都根據自己的觀察與判斷，判斷應該生產的商品種類和數量。

但計劃經濟的支持者偏偏認為生產的判斷，應該由公權力來負責。換言之，政府要通過行政命令和國營企業來決定這個經濟體應該如何生產。可問題是，政府所占資源只是社會中少數，相比起市場中的每一個人與企業，政府不可能收集到足夠的訊息來判斷生產什麼。

要在台北某個小巷開早餐店，應該開西式賣漢堡還是中式賣蛋餅，當地人喜歡什麼樣的口味等等，關起門來閉門造車的政府不可能比住在當地的街坊鄰里清楚。在歷史中，實行計劃經濟的政府在無法獲得足夠訊息時，往往都是靠「亂猜」來下指令生產，這也是計劃經濟中許多人道災難的起源。

二十世紀五〇年代末的中國大躍進運動[23]就是一個很好的例子。有如二十世紀自由主義經濟學家海耶克（Friedrich Hayek）所說，沒有人能預測明年市場中會有多少人需要白色的襪子。在自由市場中，商家們緊貼消費者，一旦發現市場需求出現改變，他們便能對自己的策略和商品做出相對的改變，迎合市場的口味。相反在計劃經濟，要生產什麼和如何調整商品都是由一小撮菁英來決定，結果是低效、短缺和需求錯配。

其次，國營企業的經營者沒有動力去創新與進步。要知道，一位街坊鄰里知道在巷子裡開早餐店能賺錢的話，他可是自己掏出錢包投資和承擔風險，一旦不能賺錢，虧損也是自己承擔。所以店主也會盡他自己最大努力來經營與創新，從而換取利潤。更何況在巷中賣早餐的很可能不止一家，要在競爭中勝出就更需要經營者的智慧和努力了。但計劃經濟卻不然，生產服務由政府的國營企業來決定，而國營企業裡面的決策者基本都是官僚。

23 Dikötter, Frank. Mao's Great Famine（WALKER & CO, New York, 2011）

一般來講，政府官員的首要任務是執行行政命令，而不是賺取利潤。如果上頭給的命令是生產奶油，那對於國營企業來講，在一定時間內生產出足夠量的奶油就是主要目標。再加上，一般一個產品就只會有一個國營生產商，所以也不會有競爭者，自然什麼營銷、品質、售後服務都不會是國營企業首要考量，他們也沒有動力去進步。這也是為何一般實行計劃經濟的共產主義國家的生產力普遍低下。

更重要的是，自由和平等的願望，本應是共產主義者的初心，本是共產主義者的初心，但這兩點卻在計劃經濟的體制中也是絲毫不見蹤影。首先，由政府和公權力來判斷如何生產，大大地限制了人們的選擇。正如前文所提到，政府沒有足夠能力知道市場需要什麼，所以計劃經濟注定帶來生產力低下和商品匱乏。要知道自由的核心關鍵就是選擇。計劃經濟並沒有給予市場中人們互相交流自己需求的機會，所以自然也無法在現實生活中得到滿足。

政府的公務員們關起門來看數據和想像，不可能滿足所有人的需求。另外，計劃經濟的本意是認為，放任自由市場自己發展會令社會出現不平等。但事實是實現計劃經濟後，社會眾生雖然平等，但卻是貧窮和物質匱乏的平等。同時由於生產資料被國家壟斷，就等於讓政府獲得巨大的權力，這自然就形成了國家與人民的不平等。所謂平等，無論在物質上還是機會權利上，在計劃經濟中都沒有被實現過。

混合經濟的失敗

讓我們再來看一下混合經濟。混合經濟雖然承認市場有創造財富的力量，但同時也主張自由市場也有副作用和嚴重不足的地方，所以其支持者深信人類可以透過自己的理性對市場進行改良或改造，不能光靠市場機制。在二十世紀的頭五十年，人們對這種同時混合了市場力量和人類理性的制度深信不疑。當時，經濟學界主流普遍認為，是凱恩斯主義的主張和美國羅斯福總統的新政挽救了美國經濟與大蕭條。

當在大蕭條中人們普遍找不到工作，失業率飆升時，國家可以主動動用政府財政甚至是以負債的方式來主動投資，從而創造就業崗位舒緩失業率，保證社會穩定。另外，當在經濟蕭條中，社會中消費和投資水平不足以讓市場短期內恢復時，公權力可以透過中央銀行降低利率，從而降低借貸成本刺激經濟。

換言之就是，中央銀行可以透過降低銀行利息，一方面低利率讓人們可以以更便宜的價格獲得借款，從而鼓勵人們多冒風險，多去消費和投資。另一方面，低利率也代表存錢能獲得的回報變得更低，相對地拿存款去投資和消費的魅力就會變得更大。以上是凱因斯主義裡面兩種主要干預市場的手法，分別為讓政府主動投資的財政政策，和主張讓央行調節利率與貨幣供應的貨幣政策。其核心就是與其我們把發展經濟的主動權完全交托給雜亂無章的市場，我們人類可以透過自己的理性主動干預市場，從而讓市場經濟更加完美。

混合經濟在二十世紀各國的經濟政策中都有深遠的影響，在我看來直到二十一世紀的今天，依然是經濟學思想的主流。在二十世紀後半葉開始，通過理性的經濟政策的方法來干預自由市場也從來沒有少過。但公權力主動干預市場所產生的副作用，也漸漸開始令人們意識到混合經濟的短處。我在這裡舉出兩個政府干預失敗的例子。

第一，就是在一九七〇年代石油危機後[24]，在美國發生的滯脹（Stagflation）現象。按照主張干預市場的支持者來講，輕微的通貨膨脹和經濟衰退不會同時發

24 Bremmer, Ian. *The End of the Free Market: Who Wins the War Between States and Corporations?* (Portfolio, London, 2010) p.77-78

生[25]。在當時的主流觀念看來，發展經濟最重要的是人對未來的預期。只要市場中有對未來樂觀的情緒，人們便會願意花錢消費和投資。而物價便是未來預期的一個指標。在他們看來，物價上漲所代表的是市場的需求旺盛，人們看到物價上漲自然便會產生樂觀預期，所以經濟發展中有溫和的通貨膨脹不是什麼壞事。而這種通貨膨脹現象是可以通過政府的貨幣政策，通過加大貨幣供應所製造出來。如此一來，通過保持一點點的通脹理論上便可實現長期的經濟繁榮。

但可惜事與願違，石油危機中人們看到石油價格不斷攀高，也帶動了市場中其他商品的價格，但同時自己的收入並沒有增加，即使美國央行積極擴大貨幣供應來刺激市場，經濟依然蕭條。也就是說物價上漲，而經濟卻不漲。這個現象也是滯脹（Stagflation）[26]一詞的來源。一方面我們看到市場上有通貨膨脹（Inflation），但另一方面經濟卻很蕭條（Stagnation）。以上美國在七〇年代石油危機所經歷的滯脹，

25 飛利浦曲線認為通貨膨脹和失業率負相關，因此刺激通貨膨脹能刺激就業與經濟景氣。Taylor, Timothy. *The Instant Economist: Everything You Need to Know About How the Economy Works,*（Plume, New York, 2012）p.157-159

26 滯脹之定義。Taylor, Timothy. *The Instant Economist: Everything You Need to Know About How the Economy Works,*（Plume, New York, 2012）p141

不僅僅打破了通貨膨脹能提高就業率並刺激經濟的神話，也打破了政府出手救市可以解決任何經濟蕭條問題的迷信。

在發生滯脹的時候，無論是寬鬆還是緊縮的經濟政策都可以說是進退失據。對抗通貨膨脹，如果政府選擇緊縮的貨幣和財政政策，本來就已經很蕭條的經濟會更加雪上加霜。相反，要刺激經濟，政府如果選擇寬鬆的經濟政策，物價就會狂飆，到最後導致惡性通貨膨脹（Hyperinflation）[27]。滯脹問題的核心是在於由於物價上漲是來自於輸入型通膨（Imported Inflation）[28]，同時也帶動了市場裡其他商品的物價，一旦物價上升過於猛烈，便會侵蝕經濟生產力。

可以想像一下如果你是一名生產商，在經濟蕭條和物價上漲的前提下，今天的生意能賺到的錢都不一定夠明天入貨進行下一次的生產，自然就會有更多的企業選擇停止生產和破產。無論是通貨膨脹，還是經濟蕭條，還是滯脹，解決問題的核心

27 惡行通膨是一種失控的通貨膨脹，在物價飛速上漲的情況下，貨幣也失去了價值。Taylor, Timothy. *The Instant Economist: Everything You Need to Know About How the Economy Works*,（Plume, New York, 2012）p141

28 輸入型通貨膨脹（Imported Inflation）是指由於國外商品或生產要素價格的上漲，引起國內物價的持續上漲現象。https://www.centralcharts.com/en/gm/1-learn/9-economics/34-fundamental-analysis/946-definition-imported-inflation

都是恢復市場信心和生產力，這並不是政府的一些揠苗助長的經濟政策能解決的。

第二個例子是廣場協定（Plaza Accord）[29]後的日本。在一九八五年廣場協定簽訂後，日圓迅速升值。日本在很短的時間內從一個依賴低日圓的出口導向型國家，變成一個積極向海外投資的國家。海外投資的增加為日本帶來了巨大的財富和GDP，但同時對國內的經濟發展也有很大的副作用。

由於海外投資的關係，熱錢也紛紛離開日本，這對日本國內消費造成衝擊。另外，本來靠著日本製造向海外出口的工廠，也慢慢地把廠搬到國外，這對國內的就業十分不利。為了減少就業和消費的負面影響，日本政府開始主動利用政府財政投資基建，從而保證國內就業和消費。許多基礎建設如機場、鐵路、市政大樓等等拔地而起。但可惜結果不僅僅是許多基建投資使用率低下，令投資無法回本，更糟糕的是靠舉債而來基建投資的資本導致債臺高築，令日本時到二十一世紀的國債在世界排名中仍名列前茅。

29 廣場協議目的在聯合干預外匯市場，使美元對日圓及德國馬克等主要貨幣有秩序性地貶值，以解決美國巨額貿易赤字。由於當時的美元已經是國際交易貨幣，貿易赤字所帶來的美元匯率波動對所有國家都沒有好處。Iwata, Kikuo. 資本主義経済の未来，（光文社，Tokyo, 2021）p.201

另一方面，為了刺激經濟，日本央行也積極壓低利率擴大貨幣流通。許多新發行的貨幣就流向了房地產，而形成了房地產泡沫。最後在一九九一年泡沫爆破，日經指數和樓價大跌，從此日本走進了通縮和蕭條，也就是人們常說的失去的二十年[30]。要知道曾幾何時，僅僅東京的地價可以買起整個美國。以上日本中央銀行所犯的錯誤，也是對於混合經濟和政府干預市場批判的一個經典例子。

除了在刺激經濟成效上混合經濟和市場干預政策讓人詬病外，在社會價值和道德上一樣受不少批評。從財政政策來講，要知道政府自己並不創造財富，而所有的財政支出都是來自於國民繳交的稅金。相比起自由市場中的人們，由政府來主導投資比較有效率之說，自然是無稽之談。再說，在公權力積極通過政府財政干預市場時，往往會選擇一些政府認為能最大程度影響經濟的企業或專案來投資。

例如在二〇〇八年金融風暴雷曼兄弟倒閉後，美國政府主動出手幫助投資其他大規模且在倒閉邊緣的投資銀行，從而幫助其度過難關。在美國政府的立場來看，

30 Noguchi, Yukio（野口悠紀雄），戦後経済史：私たちはどこで間違えたのか，(日経 BP マーケティング，日本経済新聞出版，Tokyo, 2019）p.264

他們選擇幫助大型且倒閉風險高的投行，是因為這樣可以最有效地安穩市場和保住就業。但在我看來，這是個非常危險且本末倒置的邏輯。也就是說，一家企業借的錢越多，規模變得越大且經營得越爛，就越有機會被國家選中救市。這樣很不公平。

回歸市場更能彰顯道德

無論是計劃經濟還是混合經濟，我發現歷史中通過人類理性來改造經濟運行系統的嘗試，往往都會有一個通病，就是把經濟發展的目標和手段本末倒置了[31]。前人看到古典市場經濟的缺點和資本主義制度的不足，他們希望通過自己的智慧和理性來改造經濟制度，我不會懷疑前人善良的初心。但可惜的是善良充滿理想的初心，卻有可能帶來最壞的結果。我們必須瞭解經濟學的目的是給予人們更好更幸福的生活，所謂物質，所謂分配，所謂 GDP 都是實現目的的經濟手段而已。

31　發展經濟的目的應該是國民的幸福與福祉，而經濟數字只是手段。但計劃經濟和混合經濟在實行時候，往往會把手段當成目標。

在計劃經濟中，政府嘗試通過取締市場機制，自己壟斷生產。其本心是希望實現一個公平的社會。但事實是計劃經濟創造出了一個物質貧困，而每一個人都一樣貧窮的社會。連基本的物質水準都達不到，人們必須挨餓，這樣的生活離幸福和人文價值差距甚遠，而如此的貧困的平等在我看來也是毫無意義。

混合經濟也有目的和手段本末倒置的傾向。認同混合經濟的新古典經濟學者認為自己可以通過數學和模型，可以拆解市場裡的每一個運作邏輯和每一個人的所思所想。只要我們對其中有問題的部分進行改良，便能解決自由市場許多天生的缺陷。他們認為固然自由市場也有通過價格調節進行自我修復的能力，但通過政府政策來調節的話效果會來得更快更直接。但可惜的是，人類對自由市場的插手往往也是揠苗助長，最後令情況變得更糟。

關於市場干預所產生的問題

關於干預市場的問題，通過國家財政政策來發展經濟和 GDP 就是一個很好的例子。GDP（Gross Domestic Product，國民生產總值）是現代主流經濟學中一個非常重要的概念。GDP 的原意指的是一個國家在一年之內生產出了多少產品和服務，但同時它往往也是衡量一個國家經濟實力的標準。換言之，一個國家的 GDP 越高，這個國家的經濟實力就越強。

在我看來 GDP 本身是一個很容易把經濟學的目的與手段互相本末倒置的概念。如果我們用最簡單的方法來定義 GDP 的話，GDP 就等於一個國家的消費、投資、政府支出與淨出口。但同時這個定義就暗示了一個國家最終發展目標就是把 GDP 最大化。但 GDP 真的是經濟學的目標嗎？十八世紀的亞當・史密斯認為經濟發展的目的就是通過國家財富擴大從而令國民獲得幸福。

按照此定義，難道通過擴大投資和政府支出就能令國民獲得幸福嗎？顯然不是。我覺得消費反而是比較接近國民幸福的目標，而投資與政府支出應該是為了獲得未來消費的手段。操弄透支或政府支出使 GDP 最大化，以達成作為國家社會發展的目標實為本末倒置[32]。更何況很多時候政府為了實現政府支出往往會選擇負債，

32 Zhang, Weiying（張維迎），市場與政府（西北大學出版社，Xian, 2014）p.395

如此一來實際上今日政府留下的國債和公債，需要下一代國民的稅金來償還，對下一代很不公平。發展經濟本應該為國民爭取幸福，但過度追求數字上的經濟成就，而為社會帶來負擔，這實在是輕重倒置。

還有一個例子，國家央行通過貨幣政策手段干預經濟也長年為人所詬病。現代經濟學認為只要通過借貸擴大市場貨幣供應，降低利率，減低人們獲得借貸的成本的話，人們便會更有意願地進行投資，從而在經濟危機時幫助市場進行復甦。只要在景氣復甦後，再次提高利率把市場流通的貨幣回收，把貨幣供應量調回到適當水平便可。如此操作便可以調控景氣。

但這種量化寬鬆[33]政策有許多嚴重的社會後遺症，其中一個就是不平等的惡化[34]。要知道如果市場的貨幣供應增加，相對於同樣數量的商品服務就會有更多的貨幣可以被使用，很自然的結果就是物價會因此上漲，這個現象就是我們常說的通

33 量化寬鬆是各國央行執行的一種將資金注入市場的貨幣政策，目的是刺激經濟 Taylor, Timothy. The Instant Economist: Everything You Need to Know About How the Economy Works,（Plume, New York, 2012）p195

34 李湛侃（Li, Joe Zhankan.）貧富差距的經濟學，（China Times Publishing Co., Taipei, 2017）

貨膨脹（Inflation）。由於新的貨幣是透過借貸投入市場，我希望讀者能瞭解往往是擁有財產或高收入的富人能優先獲得新的鈔票[35]。

要知道從貨幣供應量的增加到通貨膨脹出現並非立竿見影，物價上揚往往需要一段時間。換言之，富人能相對地在量化寬鬆早期獲得借貸資金，在物價相對較低的時候進行消費和投資；而當新的資金流到相對低層階級時，物價已經漲起來。所以，我們看到二〇〇八年全球經濟危機後，各國的財富不平等均有上揚趨勢，這都和危機後各國的貨幣政策有關係。

經濟學的核心是人性

我們必須理解經濟運作的核心是人性。經濟增長衰退如是，通貨膨脹或通貨緊縮如是，股票市場和房地產的升跌也是一樣，本質上都是市場上的人對現在與未來的預期。換言之，所謂經濟不好或經濟蕭條，本質上我們想講的是社會人群對未來

35 因為當新印出來的錢作為借款投入市場時，往往是有錢或有資產的人會有優先獲得借款。對於銀行來講，借款給他們風險較低。

的景氣比較悲觀，所以不願意花錢或投資，錢流通不起來，僅此而已。

但無論是計劃經濟還是混合經濟，兩者都有通過人類的理性和公權力設計來改造經濟運作的願望，本質上都是希望通過政府的理性政策來改變人的經濟預期，在我看來都太過激進。先勿論我們是否有能力去改變人的想法和預期，在我看來連瞭解人類的想法都是很困難的事情。眾所周知人類行為中是充滿感性和不理智的部分。在經濟危機中，我們經常看到投資者受他人影響，恐慌性拋售資產。在明知十賭九輸的情況下依然堅持下注。某些奢侈品的消費行為違反基本經濟學原理，價錢越高，需求反而越高。這些行為我們都很難稱它們為理性。

事實上，由於經濟社會實在太過複雜，當現代經濟學嘗試把經濟運作現象簡化為數學模型時，往往都會設定一些基本假設[36]，從而方便分析。其中一個便是假定市場中的每一個人都是理性的，會根據自己的利益出發進行考量，而且每一個人都有強大的計算能力。如果事實真的如此，那也許控制或干預經濟就真的可行。但正

36 現代經濟學理論的數個假設，如每個人是同等完全理性，經濟沒有外部性，規模報酬遞減，信息完全對等，競爭是充分和完全的等等。Zhang, Weiying（張維迎），市場與政府（西北大學出版社，Xian, 2014）p.12-13

如前文所解釋，人類的經濟行為中充滿了不理性，即便我們擁有如此先進的經濟政策和干預手段，我們還是無法避免像二〇〇八年股災一樣的經濟危機出現。

計劃經濟和混合經濟另外一個不符合人性的點是，兩者都是以宏觀的角度來觀察和理解市場需求的。計劃經濟講究的是政府必須能夠準確地預測市場需求，然後讓政府能夠壟斷所有生產資料的前提下，生產出市場所需的產品與服務。市場明年需要多少麵包，多少雙白色的襪子，多少顆洗手用的肥皂，這些訊息都要事先計劃好。對於計劃經濟來講，最重要的是利用公權力對經濟的控制力從而實現公平、經濟增長、商品種類、選擇自由等等對於計劃經濟來講都相對次要。

對於混合經濟來講，政府可以通過市場調控的方式來控制總需求。假設一個社會在蕭條中，大家不願花錢，凱恩斯主義者會建議政府主動投資或補貼某些行業，又或者讓中央銀行降低利率增大貨幣發行量，從而創造需求。這些政策本質上就是認為，雖然市場需求無法預測，但可以通過政府支持來刺激市場需求。假如本來我只需要一台腳踏車，但由於政府有補貼和低利率政策，我可能會自己多掏錢或借錢買一台更好的（或多添加一些裝備）。在混合經濟思想看起來，持續的經濟增長很重要，只有這樣做才能保證社會中的人們獲得生活的幸福感。

但古典的資本主義自由市場經濟卻不是這樣對待需求和增長的問題。資本主義之父亞當・史密斯就認為，經濟的增長並非由內需而是由供給帶動的[37]。這剛好和混合經濟的理論相反。在古典市場理論看起來，經濟增長來自於供給方，如生產力增加、效率提升和品質提升。換言之，創新和進步是經濟發展的唯一理由。智慧型手機的發展歷程就是一個很好的例子。

在二〇一〇年前，打電話還是手機的主要功能，其他如遊戲或簡訊都是輔助功能，由於功能有限，在那個時候我相信沒有多少人會花超過五千元新臺幣來購買一隻手機。但智慧型手機的創新帶來了手機功能的變革。在智慧型手機面世之後，手機的用處已經超越了打電話，增加了看影片、上網、攝影等功能；正因為在手機的領域上有突破的創新，人們也願意花更多的錢去買一隻手機。在市場經濟看來，通

37 直到二十一世紀，由供給帶動需求依然是芯片發展的定律。芯片一開始被發明時，沒有人知道到底應該如何被應用的現實生活中。新發明的具體用途與需求是事後才被找到。Miller, Chris. Chip War: The Fight for the World's Most Critical Technology,（Scribner, New York, 2022）

過創新發掘人們需求才是經濟增長和社會福祉的唯一方法。相反，如果市場裡面沒有創新與進步，也不應該有經濟增長。

在我看來，如此通過創新進步來迎合需求的經濟增長才是最自然也最符合社會福祉的。這和之前提到的計劃經濟與混合經濟很不同。計劃經濟不大重視進步、商品質量、經濟發展等，他們相信只要能讓政府控制經濟便能實現收入平等，也不會有剝削，這樣就能實現幸福的社會。

但事實告訴我們這樣的經濟模式只會帶來貧窮。混合經濟認為需求是可以被創造，也可以被調控的。但我們一旦細想難道一個國家的政府支出越多，補貼越多，鈔票發行得越多，利息越低，這樣就能夠讓經濟蓬勃嗎？不是的，一個國家是否富裕，看的主要還是它的生產力。一個國家能夠生產市場所需並擁有高附加價值的產品，才是一個社會市場是否富裕的關鍵。

我相信想出通過公權力來干預市場的人，一開始的初心也是希望能通過理性設計來實現一個更符合人文的社會，為人類帶來幸福、自由和平等的生活。但很可惜那些人還是對自己的理性太過自負[38]。計劃經濟和混合經濟表面上能夠解決眼前的問題和實現短期的目標，但往往忽視了長期。計劃經濟認為實現平等很重要，所以不能讓個人和私營企業獨立生產，但他們卻忽視了這樣做長期來看只會有匱乏與貧窮，不會有經濟增長，如此無助於社會福祉。

混合經濟雖然注重經濟增長，但同時也認為經濟增長可以被創造出來。要知道在政府刺激下所產生的需求，表面上能夠在短期內收穫增長，但這種增長並不代表任何的技術和效率上的進步，並且會在長期留下嚴重的副作用與後遺症。政府主動進行投資和消費，本質上也是從市場中拿過來的稅金。羊毛出在羊身上，某個程度上政府投資也是剝奪了市場裡個人與企業的選擇權。另外央行擴大貨幣的發行，其實也是要市場通過負債，把未來的錢挪到今天來用，同時通貨膨脹也會因此增加。如此的經濟增長，我認為更像鏡花水月，並不符合市場的真實需求。

38 Hayek, Friedrich. *The Fatal Conceit: The Errors of Socialism*, (University of Chicago Press, Chicago, 1988).

自由市場更像熱帶雨林

有人會把經濟運行比喻成機器，就像可以被人控制一樣。但比起一台機器，我更喜歡把經濟運作比喻成一個熱帶雨林。熱帶雨林並非由人類設計出來，而是由森林裡面所有的動植物從零到一構造而成。沒有動物和植物知道自己對這個家園貢獻了什麼，但就在一代一代的成員不斷努力生存的過程中熱帶雨林就形成了。

作為熱帶雨林的管理者，人類固然希望樹林會越發繁榮。但由於熱帶雨林並非由人類設計，我們也無法知道每一棵花花草草和每一隻小動物具體扮演怎樣的角色。貿然對熱帶雨林的物種進行改變都有可能破壞生態平衡，造成我們無法理解的傷害。除非發生了如山林大火等會影響所有動植物的災難，否則人類管理熱帶雨林最好的方法就是不作干預，讓其自由發展。因為沒有一個人類會比熱帶雨林中的花花草草自身更清楚，自己需要怎樣的生活，和追求什麼樣的價值。

金融記者 **Grep Ip** 在他的著作 *Foolproof*[39] 中便把思考經濟運作的人分為兩類。

39 Ip, Greg. *Foolproof: Why Safety Can Be Dangerous and How Danger Makes Us Safe*（Little, Brown and Company,Boston,2015）,. p.19

第一類是經濟工程師（engineers），工程師們會利用他們知道的所有知識，嘗試設計或創造一套制度，從而令經濟運作更加穩定和安全。第二類是所謂的經濟生態學家（ecologist），因人性與環境的複雜使他們永遠對市場保持敬畏。相較於創造或設計一套經濟制度，生態學家更加崇尚自然的市場機制。他們對工程師干預市場的企圖保持懷疑的態度，認為由於市場過於複雜我們無法掌握細項，過度干預所造成的副作用會比得益大。與其主動干預，還不如保護其自由運作機制，從而創造出更大的財富。我覺得 Grep Ip 的這個比喻非常貼切，如果二選一的話我想我更偏向於後者吧。

人性太難琢磨，自由市場太過複雜。歷史已經告訴我們通過人類自己的理性無法代替市場，而干預市場所獲得短期效果也只是飲鴆止渴，在長期只會帶來副作用。我希望讀者可以思考一下自由放任的力量，讓市場自我創新發展、自我調節，從而實現更加長期穩定的經濟發展，提高國民的福祉與幸福感。

第二章

資本主義無法彰顯人文道德？

在很長的一段時間裡面，資本主義和自由市場都被廣泛地認為是彰顯人類黑暗面的經濟制度。好像人們一提起資本主義，馬上想到的就是社會中的資本家只會為了自身利益而努力，從而無視社會整體利益，也無法彰顯美好的人文價值。但在我看來，這種看法是對資本主義和市場經濟的誤會。相反，如果我們深入剖析其原理，我們不難發現自由市場不僅僅沒有放大人類的黑暗面，而是給予人們自由追求自身利益的同時，也能實現人文共同價值的制度。

在二十一世紀的今天，我們會看到最能彰顯人文精神的地方，往往是實行資本主義自由經濟制度的國家。這些國家擁有完善的福利，實行民主制度，民間也有非常活躍的社區和各種團體，自由、平等和民主等普世價值也得以實踐。一些曾經主張人人平等，並以國營企業為主體否定資本主義經濟的共產主義國家，其歷史卻充滿人道悲劇[40]。在他們的歷史中，自由和平等從來未曾彰顯。主張資本主義是反人文道德的理論從以上例子不攻自破。

40 計劃經濟曾為多個共產主義國家帶來物資不足、經濟崩潰、饑荒等人間悲劇。https://www.thenewslens.com/article/152468

人天生就是自利的

我們必須承認，人類的行為都是有自己的目的，而追求幸福和自身利益是人們共同所追求。亞當．史密斯把此稱為自利（Self-interest）。也許有人會稱把自己的利益放在第一位的行稱為自私，但就我看來，自私是人類天性，我們絕對無需為此感到羞恥。亞當．史密斯在道德情操論中的原意並非指人類只在乎自己的利益，而忽視或損害別人的幸福。他想說的是人類雖然會把自己的利益視為最重要，但我們同時也在乎他人的幸福，而我們對他人的關心程度是隨著彼此的距離而增減的。除了自己之外，我們也會關心和分享資源給身邊親近的人如父母、伴侶或子女。

當然，離我們的距離相對較遠的鄰居如果遇到困難也許我們也會伸出援手，但程度肯定就會少於身邊的親人。另外，人類也會對自己親眼看到的人與物比較有感觸。同樣的事情如果是聽聞的話，感覺就會疏遠不少。而同時所謂他人與自身的距離是因人而異且主觀的，每個人對於與他人的距離的理解五花八門，認為自己家裡的寵物比父母重要的人也大有人在。正有了以上人是自利和距離決定關心程度的理論，我們就可以理解為何發達國家對於遙遠的非洲貧窮國家的關注還遠遠不夠，也可以解釋為什麼會有人看到眼前遇到嚴重意外的人會捨命相救。

如果人是自利的，而我們會把自己的利益放在第一位的話，當社會不斷向前發展時會變成什麼樣呢？一開始，在發達的經濟社會尚未形成之前，我們人類可以說是在弱肉強食的模式。在現代經濟體系出現之前，人與人的生產活動和經濟交換行為，主要發生在與身邊相對親近的人之間，如家庭與部落。英文中經濟一詞Economics，在希臘文（Oikonomia）的原意就是家庭管理的意思。與身邊親近的人，也許我們還能做到互相合作與幫助；但在面對素未謀面的陌生人，特別是在遇到矛盾和紛爭時，人類自利的特性往往就會令我們通過搶奪，甚至是戰爭或殺戮來滿足自己利益的需要。

中國歷史中春秋戰國時期國與國之間的戰爭，或台灣十八到十九世紀的宗族部落間的血腥械鬥，都是通過暴力搶奪來解決因自利所產生矛盾的歷史事例。在我看來，弱肉強食的邏輯是人類社會在早期無法高速發展的原因。人們生活圈子比現在小，對圈外的人充滿不信任感，也使得我們無法與陌生人合作。用我們現代的標準去看，這種由人類自利所造成的弱肉強食模式有兩大缺點。

第一，對陌生人的不信任阻礙了人類之間的思想和技術交流，令人類的社會與經濟發展相對緩慢。第二，人們之間暴力和戰爭的頻發也讓社會極度不穩定，不利於文明發展。在自由市場出現之前人類經濟的運行模式，經濟學家丹．拉瓦（Dan Lavoie）稱其為傳統經濟（Tradition）[41]。在丹．拉瓦看起來，傳統經濟的特點是人們透過風俗、宗教、習慣和不成文的規矩進行經濟活動。這些傳統與規矩是由之前人類祖先的生活智慧，一代代口耳相傳，一點點累積而來，並非是由某個聰明人在某一天設計出來的。因此，每一個村或每一個部落，經濟運行的規矩與邏輯也許都會不大相同。

在沒有統一的市場規則的前提下，人們在經濟活動往往偏於保守。古人普遍相信堅守自己村子裡的那一套運行方法便能生存下去，也能滿足自己的利益。相反和陌生人進行交易，交易規矩不僅僅有可能不一樣，還會有被騙的可能，所以往往能

41 Lavoie, Don. National Economic Planning: What Is Left?（Mercatus Center at George Mason University, Arlington, 2016）, p.30

避則避。這也是為什麼在傳統經濟中，我們的祖先如此不擅長與陌生人合作，而經濟與文明也無法茁壯成長。

宗教或禮教難以實現人文社會

古代也有智者注意到以上問題，也嘗試用自己的辦法來解決。在西方與中東，宗教的存在就是很好的例子。無論是天主教，基督教或伊斯蘭教都有關於教徒之間平等或要互愛的教條。這些教條其中一個目的就是要維持社會中的和諧。

在古代東方也是一樣，中國也有儒家的孔孟之學嘗試維持社會穩定，孔子所強調的仁者愛人和孟子所說的惻隱之心，也和西方宗教有著同樣宣傳利他主義的目的。但無論是抽象的宗教教義還是道德儒家教條，雖然在古代社會對道德有一定正面效果，但影響十分有限，無法實現真正的利他主義和人文價值。其關鍵就是因為無論是宗教還是說教都無法解決人是自利的問題。

在我看來，無論是基督教或者是儒家通過妖魔化人的自私或利己，宣傳所謂大愛，只會讓人變得虛偽。大部分人表面上顯得尊重教義，嘴巴上說自己有多愛他人，但和陌生人遇到與自己利益相關的矛盾之時，輕則爾虞我詐，重則暴力兵戎相見的事經常發生。基督教或儒家學最大的問題是它們嘗試通過規矩硬性改變人性，但也許我們必須承認，無論用怎樣的方法，人類根本無法改變自己是自利的事實。

說教無法導人向善，但自由市場可以

但當人類進入現代社會，並出現資本主義制度後，我們似乎找到了能夠解決以上問題更好的辦法，那就是市場機制模式。市場模式的巧妙之處在於，它無意去改變人是自利的本性，人可以在利己的同時也能實現利他。換言之，在資本主義制度中，人們必須創造價值給其他人，在先有利他的前提之下，才可以獲取利潤利己。雙贏是資本主義市場制度的自然結果。

在前文中我有提到過在自由市場中有一隻「看不見的手」在調控經濟。亞當・史密斯的原意指的是當社會鬆綁所有的經濟限制，讓每一個人都可以自由地追求財富的話，人們自然就會努力生產並且進步。如此一來，市場會有越來越多人們所需要的商品和服務，貨物和金錢的交換便會變得頻繁，也就代表經濟會蓬勃。而整個過程無需任何人去干預和調控，只要放任個人自由發展，市場整體自然就會累積財富。其實，這個邏輯不僅僅體現在物質和財富方面，在道德和人文上同樣適用。

自由市場可實現利他精神

首先是利他。在自由市場中，人們想要獲得幸福和獲取利潤，就必須根據自己身邊的環境進行判斷，決定要生產什麼樣的產品和服務。自己生產的東西要賣得出去，一個很重要的前提是產品必須為他人提供價值，令他人獲得幸福。今天有一位餐廳老闆能夠通過自己的努力和天賦，做出好吃的料理給顧客，而顧客為此掏錢變成了老闆的利潤，這就代表他有為客戶提供了價值。

相反，如果一名企業家生產出了如「太陽能手電筒」似的無用的產品，自然也沒有為他人創造價值，市場上也不會有人會掏錢買無用的產品。反過來說，要實現自己的幸福之前，必須要把價值和幸福提供給他人。也就是說，在資本主義制度之下，利己和利他可以同時實現，甚至我們可以說人在市場制度中要利己之前必須先利他。

自由市場讓人誠實

在實現利己與利他的同時，市場中每一個人的誠實的品質扮演非常重要的角色，也成為實現資本主義制度的一個重要前提。在資本主義和市場經濟尚未形成之前的社會，公平的法治尚不成熟。人與人或企業間互相進行交易時，常常會出現不誠實的情況。賣家固然會強調自己的產品與服務有多麼的好，從而吸引顧客掏錢包。但同時如果自己提供的商品的品質越好，成本也會相對變高，也就代表利潤會減少。在沒有健全法治的環境下，就會有相對多的人選擇不誠實並誇大自己商品的質量。

自由市場的優勢在於它是一個鼓勵人們去誠實的制度。首先，正因為市場中每一個人都可以自由生產和交易，固然會存在多過一家的賣家供買家自由選擇。當每一個買家都可以自由選擇時，對於賣家來講長期保住生意的唯一方法就是誠實。

老實保證商品質量並公平定價才能保證客戶下次再來光顧。如果賣家選擇欺騙買家，在商品質量中摻雜水分或收取過高的價格，即使買家嘗試光顧一次，事後發現自己被欺騙的話大概他也不會再光顧同一家店了。不誠實對於賣家來講，也許能換來一次性的高利潤，但長期來講的話得不償失。市場制度導人傾向誠實，除了依靠其市場本身的機制之外，如果再加上完善的法治系統來懲罰不誠實的人的話，市場的發展會更有效率。

雖然誠實是賣家獲得長期利益的唯一方式，但在少數商業模式的情況下，也許賣家不需要和同一位買家多次交易，這樣的話不誠實地向買家大賺一筆就變成了可行的選擇。旅遊景點中專門服務遊客的餐飲業就是一個很好的例子。在旅遊景點中，遊客由於來到陌生的地方無法對餐廳的價格和味道進行準確判斷，更何況絕大部分情況下遊客不會去同一個地方兩次，這樣就給了餐廳機會通過抬高價格來痛宰食客一番。

食客即使覺得價格和味道不合理，認為自己中伏，也很難通過下一次不消費的方式來懲罰店家了。在這種情況下，社會的司法體系就變得非常重要。一旦店家出現不誠實行為，司法系統就會對店家做出懲罰從而保證市場正常運作。有了公正司法的存在，買家也能更有信心相信賣家會誠實做生意，如此通過買賣雙方的誠實來刺激交易，經濟自然蓬勃成長。

誠實的表現不僅僅能吸引買方再次交易，賣方的誠實也能通過曾經光顧過的買家，向第三方進行傳播，從而形成聲譽。如果有一位客人去了一家服務很好的理髮店，剪了一個漂亮的髮型，且客人對這次服務覺得滿意，就有可能把這家理髮店介紹給朋友。如此一來，在市場制度中對一位客戶的誠實，就有可能帶來下一個生意機會的乘數效應。如此通過誠實把聲譽累積下去，生意便會越做越大。

在亞當．史密斯活躍的十八世紀，聲譽的累積對於經濟發展已經很重要。但到了數位時代的今天，聲譽的重要性有增無減。在沒有網際網路的古代，聲譽的傳播主要是靠口耳相傳，最厲害的也不過是透過廣播或印刷物；但現在我們已經擁有網路，許多在古代無法獲得的訊息到了今天也變得很容易獲得，客戶的評價和體驗等就會以更大範圍進行傳播，故商家良好的聲譽也能傳得更遠從而獲得更多商機。當然，反之亦然，負面評價帶來的商業損失也會比以前大。

自由市場可創造契約精神

聲譽在市場中的存在同時也強化了契約精神。無論是買方還是賣方，為了保持自己的商譽、權益和利潤，雙方都更加樂意把自己的承諾變成白紙黑字。就好比賣家承諾收到錢當日發貨，或買家在收到賬單後三個月內就會付款等等，在市場經濟中雙方都更加願意通過一紙之約來強調自己的誠實。除了有助於表現自己的誠實外，在資本主義制度的前提下，市場能強化契約精神另一個原因是司法令白紙黑字的合約變得更加有用。

買賣雙方如果在交易前把交易細節與承諾寫在紙上，而在交易後一旦發生口角或矛盾，其中一方便可以通過簽好的合約讓司法介入。根據合約內容，司法制度會以第三方的角度進行判斷誰是誰非。但契約精神的確立前提必須是公平司法，想像一下如果司法制度不公平，打官司時對方擁有特權而大概率贏得糾紛，以這樣的前提在事前簽下合約也毫無意義。而公平司法就是市場經濟的必然結果。

自由市場產生負責任行為

同時自由市場機制的存在，也會促進個人和企業為社會影響和自己的商業行為負責，其關鍵原因是利潤是市場中唯一的判斷標準。在每個人和企業都可以自由地判斷決定，自己要投資什麼樣的事業和提供怎樣的商品的同時，並且還必須平等地與市場其他商家進行競爭的話，人們便會對自己的商業行為顯得非常小心。要知道做生意進行投資的本錢可是自掏腰包，一旦自己做出如欺騙消費者等違反市場規範的行為，其後果都有失去本金的風險。輕則，自己的聲譽會蒙受損失，客戶不再光顧，將來的利潤將會泡湯；重則，違反社會規範有可能會被交易對象揭發，告上司法從而負上法律責任。

利己變利他，無心插柳柳成蔭

市場的機制（看不見的手）除了在經濟財富累積上成立外，在上述如誠實交易、維持商譽、契約精神、行為負責等的人文美德也一樣成立。因為人都是自利的，自然就會為了自己的利潤而生產。而正如前文的說明，要獲得利潤就必須先為市場提供有價值的商品或服務，也就是所謂的利己必先利他。當市場中每一場交易都有買賣雙方提供價值並實現雙贏時，推而廣之每一樁的交易的善累積起來就會成為整個社會的善。

市場機制最奇妙點就在於，每個人的出發點都是想自己賺錢獲取利潤，甚至沒有一個人想為社會道德貢獻自己的勞動或資本。但事實的結果卻是在社會整體人文的道德和規範就被這樣建立起來了，無心插柳柳成蔭。資本主義是一個鼓勵市場競爭與進步的制度，於是便有人認為它不大講人文道德，反而強調弱肉強食與叢林法則。但這個理解是個天大誤會，也很片面。在自由市場中有競爭是事實，但當人文道德被市場機制建立起來後，我們往往看到的是社會中人與人的關係反而會因為自利變得更好。

競爭只是在賣家同行間發生，但交易雙方顧客與賣家、投資者與員工、政府與人民等，在社會關係在原則上資本主義裡都是合作夥伴。賣家要為買家提供貨物而反過來買家要給予金錢，工人付出勞動而資方給予薪水，國民要交稅給政府而政府要提供公共服務，任何一方都要為對方提供價值才能實現自己的利益。本質上都是雙贏，並沒有矛盾。

自由市場實現導人向善的前提

在市場經濟相對發達的社會，陌生人間的協作已經成為日常生活的一部分。大到人們把畢生積蓄存到銀行裡面，小到一位白領到公司樓下超商買一瓶水，這些經濟行為在沒有互信前提下都無法實現。可以說沒有誠實和信任感，就沒有市場裡的多次經濟交易行為，也就不會有市場經濟。不管這種向善和誠實的行為是否處於真心，或是為了自身的利益，現代文明創造了我們從未有過的道德美好社會。

在資本主義出現之前，人類天性就不大會與陌生人打交道。我們面對家庭或部落以外的人，人類普遍的反應都是不信任甚至是施以暴力。但現代文明，或者說是資本主義，某個程度上改變了人類的天性，讓我們壓制了不信任外人的衝動，把這個社會現象稱為「文化革命」一點都不為過。

但要實現前文所提到的契約精神，商業誠信和利他行為，光有自由市場可不行。在我看來，保證有效的懲罰機制是關鍵[42]。雖然誠實是在市場中獲得長期利益的唯一方法，但難免總會有人為了眼前的蠅頭小利而違反道德，從而影響到自由市場發揮威力。例如，如果有人故意借錢不還錢，銀行為了轉嫁風險只好提高所有借貸人的利息，借錢成本變高導致貸款量變小，對於買賣雙方都無好處。

這個例子告訴我們，一小群不守規矩的害群之馬，可以導致整個市場為其買單。十個人中九個人誠實，即使只有一人會騙人換取利益，也會讓人害怕並拒絕和他人交易。而建立一套有效的懲罰機制，就是防止以上情況發生，並讓市場發揮最大力量的最好辦法。

所謂懲罰機制，用最簡單的話來講就是，獎勵誠實遵守諾言，並懲罰違反不守規矩的人。正如前文所述，即使自由市場本身有導人向善的傾向，令誠實為他人創造價值的人獲得財富，但它無法完全杜絕不誠信或不道德的行為。

要真正地實現資本主義，我們需要公權力的介入，實現公平的法治。由於世

42 Kling, Arnold. Specialization and Trade,（Cato Institute, San Francisco, 2016）, p.95

界上每一個人的時間和精力都有限，面對陌生人和商業機會時，我們沒有辦法去有效識別對方是否會騙人。公平司法存在的意義就是，最大限度地保證不誠實並違法的人會受到懲罰。這樣就能讓市場中的每一個人都安心地生產，互相為他人創造利益。許多人曾經讚譽香港為亞洲乃至全世界的金融中心，正是因為這個城市所擁有的自由和公平的法治制度[43]。

從自利所產生的道德，是虛偽嗎？

講到這裡也許會有人會認為，資本主義也許能實現社會的表面和諧，但這種和平是虛偽的，這並不是真正的人文價值的表現。他們認為在自由市場中人與人之間所表達出來的善，並不是出於真心，只是因為滿足自己的利益而虛偽地表現出來而已。相反，一個真正彰顯人文理想的社會，應該是每個人出於真心地行善，並對他

43 香港何以成為國際金融中心：在香港，個人權利受到尊重。大部分時候，個人可以自由做任何事，共要不侵犯別人的權利和法律。法治及法律的架構使得香港每個人清楚地知道他們能做的事。https://www.cw.com.tw/article/5104108

人友善，而並非出於自利。

關於這一點，筆者想講的是，在資本主義制度中人們互相為他人提供價值，其主要目的的確並非行善。理他只是副產品，其背後的本意其實是自己的利益。但請讀者思考一下，只要一個人願意提供為他人所需要的產品與服務，他背後的原意和出發點是否真的重要？

真心的利他社會很難實現，是否真心也不大重要

第一，我希望再次強調的是人的本質是自利的，而這點也是無法改變的。即使我們人類並非百分之百自私，但人對他人的關心只限於一定範圍距離之內，我們無法要求人類對和自己素未謀面的人給予關心。第二，依靠我們現在可見的未來的科技，我們無法看通透別人內心的真正想法。

社會上大部分人都會通過自己的嘴巴說出自己內心的想法，並強調自己的真誠，但我們也知道每個人都是會在不同的程度上說謊，來掩蓋我們的真實想法。我們能做的只是能通過「聽其言而觀其行」來判斷。如果唐玄宗能事前看透安祿山會

造反，也許在安史之亂之前安祿山就會被除掉，之後的歷史也會被改寫。所以，我們在看一個社會的善心和道德水準，主要還是通過人的行為進行判斷，而不是他的本心。

一位農民種出糧食拿到市場與他人進行交易，實際上解決了社會許多人的食物需求。但農民生產糧食的本意，並非出於對解決社會溫飽的善意，相反只是為了賺錢讓自己能活下去。在市場經濟的角度來看這完全不是一個問題。同理，今天我去了咖啡廳遇到一位服務很好的工讀生，他提供貼心服務的本心只是希望我下次再次光顧，而並非真心把我當朋友，這樣真的很糟糕嗎？在我看來，只要我因為工讀生的服務獲得了好心情，好好地享受了下午茶的時間並且我下次又繼續光顧，這就是社會中善的行為。服務生內心的想法並不重要。

更進一步，比起硬性要求或說教式地去教育人們去行善，我認為不問本心只看行為，是實現人文道德更好的辦法。亞當．史密斯也在他的著作中提到，人們有利己之心把自己的利益放在第一並且追求利益，這並不是什麼壞事。比起通過公權力去直接對人說教創造人文道德，通過給予人自由讓人們去利己能創造的社會利益更大。事實也是如此。用自利之心行善並不虛偽，相反利用人類利己的力量，是創造一個穩定且可持續的道德社會最好的方法。

最理想情況固然是每個人發自內心地去為他人著想，和為社會整體利益付出，但人類利己的本性無法改變。我們應該做的是創造一個公平自由的市場，讓人們為他人創造價值，並強調這樣做是為了利潤和自身的利益。在我看來，無視人類個人追求自我利益的需求，通過人工設計（道德或宗教說教）的方式來創造理想社會才是虛偽並無法持久的。

在這種社會，人人表面上嘴上都是滿口道義，但實際上心裡面依然是自我利益第一。在東方，四大奇書之一《金瓶梅》中的男主角西門慶，就是一個對人滿口稱兄道弟，表面上只講道義不講金錢，但桌底下卻為了自己的政治商業利益不擇手段。在西方，我們看到即使是最看重倫理道德的天主教，在歷史中也有教廷公開販賣贖罪券[44]的情況出現，這種對信仰表裡不一的表現，也成為了後來宗教改革的核

44 贖罪券，是教會以赦罪券的形式讓人民購買，購買者據教會宣稱能夠贖罪，是教會用來斂財的工具。https://mediengeschichte.dnb.de/DBSMZBN/Content/EN/Printing/04-ablassbriefe

心原因。

資本主義制度為正，頌揚美德為副

筆者想強調的是，我並非反對現代社會去宣傳和教育人文美德及利他主義。我認為頌揚人們自由、平等、民主等概念絕對是一件好事。一個能實現人文價值的現代社會，對於美德和鼓勵利他的付出的教育宣傳也是非常重要且不可缺的。我的觀點有二。

第一，我必須承認要實現人文價值，僅靠自由市場本身是不足夠的。而馬克思對資本主義的批評也不是毫無道理，的確市場經濟本身也有不完美的地方，僅靠市場的機制的運作，即使有公正的司法存在而社會大體擁有導人向善的體質，我們也無法百分百杜絕有奸商和其他不守規矩的人存在。所以有好的道德向善宣傳和教育，對於現代社會來講絕對是錦上添花。

第二，市場本身也是脆弱的，要建立市場制度需要長時間，但要摧毀它也許很容易。前文我們提到自由市場會鼓吹利他主義並創造價值等，這些都是建立在長期利益的基礎上。市場的力量要在人們長時間不斷堅持誠實，才能建立起商譽和長期利潤。但很可惜，不是市場裡的每一個人都這麼有智慧能理解這個道理。

社會中總有某些人非常短視只能看到眼前利益，而選擇破壞市場規矩成為奸商。雖然這種行為在健康完善的資本主義制度中會收到懲罰，且也不可能長久，最後得不償失。但我們必須保證願意放棄長期利益而鋌而走險的人，在市場中保持在絕對少數。不然以奸商為榜樣，願意以身試法換取利益的人會越來越多，這樣市場機制也會漸漸失去力量。

在我看來，要保護市場除了要讓公權力完善司法和保證公平自由外，對於市場機制和長期利益的教育宣傳也非常重要。我們要告訴社會，遵守自由市場規矩，從而換取到的長期利益，到最後會遠大於偷雞摸狗能獲取的短期利益。我們要向社會傳達長期利他的行為，其實就是利己。這麼做方能保證市場經濟能長期安定。

但在我看來，市場經濟和美德宣傳雖然都會對實現人文價值有幫助，卻有先後循序和主次之分。現代社會應該用什麼樣的方法來平衡兩者，從而實現哪些價值呢？只通過改變人的想法和天性來實現社會利益接近於天方夜譚。所以我主張必須是由鼓勵自我利益的市場經濟為主，鼓勵他人利益的善良道德宣傳為副。

宣傳道德從而改變人們的觀念雖然效率不好，但也不會毫無效果。在古代中國有像文天祥那樣為了忠義願意犧牲自己的例子，在西方也有為了基督信仰而殉教的教徒和傳教士，但這些都是當時社會的少數，並非主流。一個社會如果只有鼓勵人利他的宣傳，而沒有鼓勵人追求自己利益的市場機制的話，這樣是本末倒置，我們很難稱這樣的社會為現代社會。

只有在擁有資本主義制度中，國民在自由市場能實現自我幸福並同時能創造社會福祉的前提下，讓社會大部分人都主動自願為他人創造價值，在此基礎上再加上對人文價值的宣傳和教育，這樣才是現代社會應有的運作體制。在資本主義制度中，人文道德並非利己逐利的反義詞語，兩者可以互相兼容並同時實現。

第二章

資本主義和自由

如果要用一個詞來概括資本主義制度的最大特點，我想最適合的字彙莫過於「自由」了。又或者更準確來說，資本主義自由市場制度是一個允許每一個人自由地做出選擇，個人同時也有義務對自己的選擇負起相對的責任。二十世紀有名的經濟學家海耶克（Friedrich Hayek）有一句名言[45]，「最美好最理想的社會狀態應該是充滿自由的。」

關於什麼是自由，其定義五花八門。但用最簡單的話來說，一個擁有自由的人，可以在不受他人威脅，也不用害怕被傷害的情況下，根據自己的意願進行選擇。毫無疑問，對於個人來說，能夠根據自己的需要和欲望，來選擇自己的生活方式是最理想的。在我理解，與自由為之相反的概念是奴役，換言之，被奴役的人無法隨著自己的願望去實現自己想要的生活和想做的事情。他們的命運被別他人左右，無法自己決定。當然，以上對於自由和奴役的定義都是極端的。

在現今的社會很少人是絕對被奴役，任何事自己都無法決定；同時，也沒有人

45 Hoerber, Thomas. Hayek vs Keynes: A Battle of Ideas,（Reaktion Books, London, 2017）p.70

是絕對為心所欲，想做什麼就做什麼。至少在現代社會中，被奴役的人已經基本不存在，但同時有收入的人就有義務去納稅，在這一點沒有人有自由去拒絕。

資本主義和個人自由

資本主義制度巧妙之處在於它尊重每一個人選擇和行動自由，讓每一個人可以按照自己的判斷去追求財富和幸福的同時，又能創造出一套循規蹈矩並符合人文的社會規範。在如何創造經濟運作規範方面，自由市場和計劃經濟的邏輯很不一樣。在社會主義制度下的計劃經濟認為放任市場自由發展的結果，只會把經濟弄得雜亂無章，所以中央政府或公權力需要對國家經濟來進行調控，從而設立運行規矩，這樣做才能最大程度地避免貧富差距等社會問題的發生。

資本主義制度的邏輯剛好反過來，自由市場理論認為經濟運行規範是自然形成的。當經濟中的每一個人都按照自己的判斷進行生產，同時也為他人製造價值時，自然每一個人的意願也會被照顧到。另外，由於互相交易的本質是雙方都能雙贏，所以市場上的個人和企業基本都明白只有誠實才能獲取最大利益，這樣社會規範自然不會亂了套。

計劃經濟希望通過中央調控，來控制經濟體活動裡面的一舉一動，從本質來講是想改變人性。由公權力來代替個人來思考，到底人們需要生產什麼。但市場經濟不會嘗試去改變人性。相反，這個制度會利用人性的特點來實現社會的進步。在資本主義中，人們不需要去禁欲，當人們看到有商機時，可以自由選擇去冒險投資。資本主義也沒有意圖讓人們節約，大家可以自由按照自己的需要，來進行消費與投資。換言之，我們可以用自己所希望的方法，來追求自己的幸福。

資本主義經濟的本質是為個人提供做好事的誘因，而並非通過行政或法律進行強迫。市場經濟告訴我們白紙黑字的行政命令並不是實現人文道德的唯一方法。我們只需要有一個好的制度，讓人們享受到為他人創造價值的利益，社會便會往和諧的方向發展。這個模式比執行行政命令遠來得低成本，人們也可以享受不被限制的自由，一舉兩得。

給予個人自由很重要

個人的自由對於一個經濟體的發展非常重要。從創造財富物質來講，個人自由的貢獻主要有以下兩點。首先，經濟體裡面每一個個體是最清楚自己身邊環境的人。夜市裡應該開什麼樣的小吃店，繁華的市中心應該開咖啡廳還是酒吧，最清楚瞭解這些訊息的一定是生活在其中的人，而絕對不是高高在上閉門造車的為政者。與其把權力交給為政者去決定經濟如何發展，還不如放權給民間，給予人們自由讓他們判斷更為精確。

第二，給予個體自由也可以讓經濟判斷更加有效率。當一個企業家或一家公司看到商機時，其行動往往會比大組織的政府來的快，遇到問題時，也會更加迅速地去解決問題。由於個人與企業的規模比較小，相對不會像政府一樣有官僚主義和反應慢的問題。

除了有利於物質的經濟發展上，給予社會自由也會為個人的道德帶來正面的效果。我在這裡列出兩點。第一，資本主義制度的存在，會把社會中的人導向做出負責的行為。在資本主義中，由於每一個人都可以在法律的框架下，毫無顧慮地進行生產和交易。所以市場有什麼商品在流通，最近什麼東西比較流行，商品服務以怎樣的價格進行交易，這一些對於社會中的企業家、投資者甚至是打工人非常重要的訊息都是由市場中每一個人集體決定的。

換言之，沒有一個單獨個體能夠控制和預測市場的發展趨勢。要知道每一個人在市場裡的行為，其目的無他，都是為了利益。但偏偏由於沒有人能控制市場，到底自己的付出和投資是否真的換回利潤可是未知之數。對於市場中的個體來講，既然市場無法預測也無法控制，唯一能做的，就是努力做好自己力所能及的事情。也就是誠實地創造出最好的產品與服務，為他人提供價值，我把此稱為負責任的行為。因為，如果無法為他人創造價值的話，賣家也許就要蒙受虧損，因此他們就必須為這個結果負擔責任。市場的機制之所以能夠促進這種負責任行為，是因為企業家真的有掏錢包，把真金白銀拿出來進行投資行為。

這可和在國營企業執行上司命令或在慈善組織做義工的性質大相徑庭。一旦因自己的失誤或懶惰投資失敗時，其代價可能不是丟臉這麼簡單，有可能是損失一開始砸進去的本金。更何況市場無法被人控制，一旦因為賣方的無能和失誤，令市場消費者對產品和服務不滿意，影響了自己的商譽，有可能令自己血本無歸。市場就像一個懲罰機制，對於做出對市場無利甚至是有害的人，市場會以營業額下降或虧損進行處罰。所以，努力為他人創造價值，期待市場能帶來利潤回報，利用對社會負責的行為換取利潤，是人們在市場中生存的唯一選擇。

第二，自由競爭在資本主義制度中是常態，而競爭也會帶來個人和社會的進步。在市場中，希望通過努力獲得利潤和回報的大有人在。但由於市場的資源和需求都是有限的，要獲得利潤難免就要和他人競爭。更何況，資本主義主張的就是自由市場，任何有好點子的人都可以自由進入市場，進行投資和生產。生產類似商品或提供大約相同類型的人，在市場中難免就要互相激烈競爭了。

我很難說對於競爭雙方來講是一件好事，喜歡與人鬥爭並承擔失敗風險的人應該不多。但對於社會整體來講，卻有帶來創新進步的好處。由於在市場中，產品好壞由市場其他人說了算，要想戰勝競爭對手的辦法，要不就是生產出比別人更好的產品，要不就是提高效率，降低成本從而可以降低價格。無論是哪一種方式，本質上都是因為自由競爭所帶來的創新進步。而正是這種要創新和進步的力量，帶來了近數百年人類歷史前所未有的財富的同時，因為市場行為本身就是為他人創造價值，人類互相誠實協作的系統也到了一個新的高度。

張維迎教授認為人類進步的泉源並非技術進步，而是因為我們發明了現代資本主義和自由市場系統，推動了人們創新和進步的欲望，才有我們人類現代文明[46]。一個很顯而易見的例子就是，古代中國曾經出現過許多技術上的創新與發明，但由於沒有現代市場經濟機制的存在，技術的創新並沒有改變中國到清末為止都是小農經濟的事實。即使到了二十一世紀的今天，中國大陸在許多方面都很難說是一個尊重人文思想的現代社會，這也許和缺乏發達的市場經濟系統有關。

有人說自由競爭違反了人文精神。符合人文的生活狀態應該是和諧的，互相合作的社會。沒有人天生喜歡競爭。關於這個問題我有兩點主張。首先，對於市場整體來講，競爭主要還是發生在生產類似商品的同行之間，而並非勞資雙方或上下游間。一個企業家對於客戶和上流賣家，一方提供金錢換取另一方的貨物或服務，本

46 Zhang, Weiying（張維迎）. 市場的邏輯（上海人民出版社，Shanghai, 2012）p.4

質上都是雙贏的利益交換。即使是馬克思最反感的勞資雙方的關係，我們認真思考一下，本質上也只是勞動力的商品化而已。也就是勞方提供自己的勞動力，資方提供薪水從而進行交換而已。競爭只會出現在水平或同行的情況下。

第二點，自由競爭固然現實，但並非你死我活的鬥爭。競爭更多是判斷商品和服務是否符合市場要求的必要手段。即使有人因為競爭落敗，他也只需要轉行或提供別的產品服務。即使在沒有資本主義的古代社會，在資源缺乏的前提下，人類競爭也是常態，我們真的無須過度誇張市場競爭。

我們要做的並不要完全取締自由競爭，而是盡量設定規範，實現有規矩的競爭。例如不可作弊，不可惡性競爭，不可使下三流手段等等。要實現這樣的良性競爭環境，一方面我們需要公權力設計並執行公平有效的司法制度，從而保證不守規矩的人會受到懲罰，從而回到公平競爭。另一方面，我們也要通過教育來告訴人們，要尊重市場規律，並同時誠實生產和提供他人價值，才是贏得市場競爭的唯一辦法。

公權力在自由市場的角色

有一點想強調的是，雖然在本章不斷地強調自由對於資本主義制度的重要性，但我並不主張無政府主義（Anarchism）。無政府主義主張我們應該否定政府對市場的任何影響，讓市場機制自己運行是對發展經濟最好的辦法。政府或公權力的干預對於市場來講都是發展的阻礙。雖然在現代主流經濟學中，政府為了保持社會經濟發展穩定，往往會選擇主動干預市場。

比如通過調整利率來刺激經濟（貨幣政策）或增加政府支出來推動就業（財政政策）。的確，這些干預市場的政策本質都是揠苗助長，並且有嚴重的經濟後遺症。但放任主義所說的「政府零角色」的主張未免太過極端。事實上，光有自由的話無法發展出現代的資本主義制度，自由市場要茁壯成長，公權力的對市場保護與支持非常重要。

最近三百年資本主義制度的成功，與公權力所扮演的角色有很大的關係。政府最主要的功能就是可以減少市場內因交易的摩擦，所產生的交易成本（Transaction costs）[47]使商業更加流通。在很長的歷史裡，人與人之間的交易都是自由的，也並沒有受到什麼公權力的限制，但發達的商業資本主義在十八世紀之前卻一直都無法發展起來。這就證明要發展資本主義，光有自由放任是並不足夠的。正如本書前文所述，市場經濟的核心是人人可以自由地並平等地進行經濟活動，沒有行為限制和高低階級之分。但光有這些元素還不足夠，要把市場做大和經濟蓬勃，我們需要有公權力的存在。

在市場中難免會有賣家買家互相不信任，或交易後發生紛爭或其中一方不守承諾犯規的情況出現，這個時候就需要公權力的介入，透過司法解決紛爭。另外，這個司法也必須是一個公平公正的系統，這樣才可以讓市場中每一個參與者都可以安心進行交易，不用害怕被騙。另外，市場的邏輯往往是基於多次交易的前提下，當商家對消費者做出不誠實行為時，消費者可以通過下次不消費或傳達負面口碑來懲罰商家。但可惜的是，在市場的交易行為中有一部分是一次性的，而並非多次連續

47 交易成本（Transaction cost）是指參與市場時進行任何經濟交易的成本。https://www.fixglobal.com/home/buy-side-firms-use-tca-to-measure-execution-performance/

發生。在一次交易的前提下，賣家無需操心自己的不誠實行為會破壞商譽，對買家十分不利。

一個很好的例子就是金融機構，銀行客戶把存款存進銀行進行儲蓄或投資，其資金只有一筆。一旦銀行做壞事或者倒閉，顧客就要背負巨大的成本和損失。客戶們很難通過市場邏輯來保護自己。這個時候政府的角色就非常重要。政府有義務監察銀行和金融機構，只允許運行良好並沒有違反行規的機構方能營運。這樣才能保證市場正常運作。大學教育也是同理，年輕人讀大學只有一次機會，無法多次選擇，一旦選擇錯誤，學生就要付出沉重的代價。所以有國家對高等教育進行監督，甚至成立國立大學保證教育品質也有保證市場能穩定培養人才的效果。

另外，我認為公權力可以通過給予誘因來誘導經濟行為，例如當城市因車輛過多造成污染時，政府可以對外來車輛徵收入城稅或給予低污染車款補貼，從而解決環保問題。面對這樣的問題，我並不認為政府可以用一刀切的方法，如禁止某些車輛進入城區或禁止會污染環境地方的銷售。經濟學中，相比起一刀切的行政政策，通過提供誘因來解決方法往往成本較低，也不會強迫到人們做選擇。人們既然會因為利潤而去努力，同樣也會對誘因作出反應。保留所有的選擇，只通過誘因來改變不同選項的吸引度，這樣對市場的自由和發展均有幫助。

如果把發展經濟運作比喻成一場精彩足球比賽，我想強調的是政府在球賽中應該扮演的角色更像一名裁判，而並非下場踢球的球員。裁判的責任是保證比賽雙方能在公平的環境下進行比賽，但比賽是否精彩，裁判並沒有責任也不應該進行干預。一場比賽是否精彩，要求每一位下場踢的球員自己自由發揮。畢竟裁判不是專業足球員，也無法感受比賽當下的每一個細節，要求裁判設計出一場精彩的比賽，並給所有的球員指令應該如何踢球，這注定不切實際。

要深入瞭解經濟運作中，公權力對市場發展的影響，便少不了對計劃經濟的探討。一個社會中無論採用什麼樣的經濟運行體制，難免都會有不同想法的人，也會有不同的需求和偏好取向。有些人願意多勞多得，有些人卻偏好少點工作多點享受生活。

有些人也許非常有商業頭腦，能夠觀察身邊的環境需要什麼東西，並願意冒險掏出資本進行投資。但同時也會有另外一群人，對風險比較敏感，不願意自己投資，而偏好付出自己的勞動力換取薪水。在主張調控的計劃經濟裡面，以上我提出個人自由選擇的例子都不會存在。人們生產什麼，可以買到什麼，用什麼價錢交易，這些市場運行的細項全部由政府來決定。

這樣的模式注定會以失敗收場。第一，最明顯的原因是政府作為社會整體人口中的少數，不可能完全瞭解每個有不同需求的人。如果公權力壟斷了市場中生產的所有決定，這就注定許多人的需求是無法在市場上被滿足，因此人們也沒有辦法獲得幸福。

第二，根據公共經濟政策理論[48]，為政者在做公共決策時，沒有讓自己付出全部代價或讓自己承受所有後果時，為政者也會偏向於不謹慎和不克制。反正要為自己錯誤「買單」的人又不是自己，何必那麼傷心？這也就是說明了，與其把經濟裡面的決定權交給不用直接負責的公權力，還不如把權力下放給市場，這樣有更高機會能造出人們希望獲得的產品或服務。

更有甚者，由於判斷誰是誰非的司法是非常獨特且巨大的權力，政府就會有濫權的傾向。由於政府的官員也是人，就會有貪欲，難免在做公共決定時，會把天平

48 公共選擇理論（Public Choice）。Xue, Zhaofeng（薛兆豐）．經濟學通識（Peking University Press, Beijing, 2015）p.369

導向利於自己的一方，這樣久而久之就會變成人治。因此，我們必需提防政府擁有過多的公權力，從而避免專制獨裁和自由空間減少的發生概率。

資本主義和民主

如果要投票選出二十世紀兩位最有影響力的經濟學家，我會毫不猶豫把票投給凱恩斯（John Maynard Keynes）和海耶克（Friedrich August Hayek）。雖然兩位都是市場經濟的支持者，對計劃經濟都是持反對態度。但在資本主義經濟的範疇內，海耶克和凱恩斯對於經濟運行的觀點，用南轅北轍來形容一點都不為過。

海耶克主張政府不應該干預市場，凱恩斯認為市場有時失靈，政府的介入能讓市場的自我調節更加有效率。海耶克覺得經濟周期在自由市場中是無法避免的，央行干預會令市場修復更加困難[49]；凱恩斯卻認為經濟蕭條是因為需求不足，所以政

49 Hoerber, *Thomas. Hayek vs Keynes: A Battle of Ideas*,（Reaktion Books, London, 2017）p.22

府需要出手救市[50]。海耶克主張自由市場裡面的。價格機制對於資源分配和自我調節非常重要，不宜干預，但凱恩斯卻覺得市場機制經常失靈，政府要主動花錢來拉動經濟。兩人的觀點可以說是水火不容，二人的唇槍舌劍在二十世紀橫跨數十年。可以說，到底公權力在資本主義和自由市場中，應該扮演什麼角色，到二十一世紀的今天的主流學界依然是莫衷一是。

支持民主的凱恩斯和海耶克

雖說如此，但兩人對於民主主義的立場上卻驚人地道合志同。無論兩位經濟學家在政府干預市場的問題上如何爭吵，海耶克和凱恩斯對於民主可以說是殊途同歸[51]，他們都認為經濟制度的重要性，是在於保護西方的民主制度。這和兩人所處的歷史背景很有關係，海耶克和凱恩斯共同活躍的時期，在一九二〇年代到二戰後

50 同前。p.23

51 Wapshott, Nicolas. *Keynes Hayek: The Clash that Defined Modern Economics,* (W. W. Norton & Company, New York, 2012) p.243

的一九五〇年代。在這短短的三十年，世界經歷了全球經濟危機，納粹軍國主義崛起和第二次世界大戰。這些歷史大事件都深深地啟發了凱恩斯和海耶克的經濟與政治思想。

眾所周知，在民主選舉中，每人一人一票，彰顯了民主主義對每一個人的權利的平等尊重。另外，相比起專制或獨裁的政治制度，民主本身也代表著的去中心化式的放權和人權的保護。民主在自由和平等的基礎上，保證每一個個人可以通過投票，表達意見甚至是投身政治來影響社會，從而限制公權力。但最重要的是，民主是一套相對和平的制度。

在民主的制度中我們鮮少看到在權力交接時有互相仇殺的情況。因為政治權力來自於人民，而不是政客的鐵腕。再說，民主國家之間非常少發生戰爭，也為世界和平作出貢獻[52]。在台灣社會，民主制度已經不知不覺成為社會理所當然的常態，是其他依然等待民主到來的真正榜樣。

52 Fukuyama, Francis. The End of History and the Last Man, (Free Press, New York, 1992)

我們再來討論凱恩斯。首先，凱恩斯十分反感納粹和極權主義，這是普世價值，不難理解。在凱恩斯看來，在德國興起納粹主義的原因，與一九三〇年代發生經濟危機，和德國魏瑪政府錯誤的經濟政策很有關係[53]。一九二九年爆發的美國華爾街股災在三〇年代也燒到了歐洲，造成了全球大蕭條。但由於政府收入的相當一部分，要支付一戰賠款，德國並沒有過多的財力來調節經濟景氣。因此。人們看到德國面對的經濟危機和財政壓力，開始失去信心，德國馬克快速貶值，並帶來了嚴重的惡性通貨膨脹。生活必需品的急速漲價，令本來生活還算過得去的中產購買力迅速下降，變成了底層民眾。

這也就解釋了為什麼在三〇年代納粹出現後，有這麼多民眾支持的主要原因。在凱恩斯看起來，魏瑪德國政府經濟政策的無能，也是這場悲劇的幫凶。正因為魏瑪政府面對經濟危機沒有主動出手介入，眼睜睜看著通貨膨脹吞噬生產力，令經濟

53　一九二九年全球經濟危機燃燒到德國，十分依賴外援的德國經濟崩潰並陷入衰退。政府大幅減少政府開支和加稅，以刺激經濟增長。德國政府預期經濟危機會及早停止，經濟會逐漸復甦。政府同時以大量印製鈔票應付其赤字，結果引起惡性通貨膨脹。https://www.history.com/topics/european-history/weimar-republic

越來越弱，造成嚴重失業，人們越來越窮，才給了納粹機會上臺。凱恩斯認為，雖然德國政府有很大的財政壓力，但並非完全沒有能力推出紓困政策。

相反，凱恩斯覺得美國政府處理危機問題的方法合理很多。在美國發生股災後，羅斯福（Franklin D. Roosevelt）總統推行了新政（New Deal）[54]，主動讓政府出手救市，主動進行消費和投資，創造工作機會，改革金融系統，這才讓美國在短短數年間擺脫了危機，同時也避免了在美國土地上出現極權主義。在凱恩斯看來，政府的介入保障了社會和政治的穩定，事實上保護了民主制度，所以政府介入市場在經濟學上沒有問題；問題在於政治家的道德，操守與自律。

凱恩斯也承認政府介入市場是權力的展現，但只要政府的具體負責人在道德議題上維持正當性，並明白經濟發展主要還是靠市場，政府的介入只是輔助，不本末倒置即可。為政者必須知道介入的界限在什麼地方，並且絕對不能超過那條紅色界限，這樣政府的介入就能保證安全，也不至於傷害民主政體。更何況，由政府的介

54 羅斯福新政（The New Deal）是指一九三三年富蘭克林．羅斯福（小羅斯福）就任美國總統後實行的一系列經濟政策，主張讓政府主動出手干預並紓困市場。https://www.history.com/topics/great-depression/new-deal

入進行再分配，令人們的生活有最低標準，這樣對保持民主制度的穩定也有幫助。以上是凱恩斯的主要觀點。

海耶克沒有懷疑凱恩斯想保護民主的初心，也明白凱恩斯主張的介入是想成就民主。但海耶克對凱恩斯把政府對市場的干預，依附在為為政者的道德這一點上十分反對，不能認同。在我的理解，海耶克對人性比較負面，不能把全民福祉依附在個人道德與善意之上。相反，他覺得用制度框住人性是比較實際的做法。海耶克認為，即使是在政府工作的公務員，也是人。

是人就會有自利心，特別是政府要介入市場並在資訊不足的情況做決定時，往往就會把決定調整到對自己的政治或金錢有利的地方。干預市場就是政府權力的伸延擴大，它就像潘多拉盒子一樣，一旦被開啟，就很難收回來。海耶克看起來，對經濟的過度干預，很有可能會變成社會主義或計劃經濟，最後便會走向法西斯。即使最初的本心是善良的。

在現代社會，我們應該做的是讓民間權力和公權力保持平衡，而不是隨隨便便把權力交出給政府，並期待公務員有道德。兩位學者在二十一世紀都已經不在人世，但他們的爭論直到今天都依然充滿爭議性，繼續由後人來接棒。無論如何，兩者都一致的是，經濟自由是個人自由的基礎，沒有經濟自由，所擁有的個人和政治自由都會失去。

民主需要資本主義，但資本主義不一定帶來民主

經濟學大師傅利曼（Milton Friedman）對資本主義和民主制度之間的關係做了更詳細的解釋說明。在著作《資本主義與自由》（*Capitalism and Freedom*）[55]一書中，傅利曼主張經濟自由是政治自由的必要手段。換言之，沒有資本主義制度，民主制度就不可能成功。其最重要的原因是，資本主義把人們經濟權利和政府的政治權力給分離出來，令人們可以通過自身自由追求財富同時，因為有保護自己財產的需求，同時也向政府爭取政治影響力。因此在無意中，資本主義的存在分散了公權力的集中，從而實現了分權的效果，並且讓經濟權利和政治權力可以互相制

55 Friedman, Milton. Capitalism and Freedom（Univ of Chicago Press, Chicago, 2020）

衡。

在資本主義制度中，尊重私有財產是其價值的核心，有了這一點，才會有民主主義尊重個人權力的原則。歷史中許多與權力下放相關的革命或歷史事件（如英國大憲章和法國大革命），一開始都是資產階級為了個人產權而奮鬥發動起來。

資本主義主張權力下放與去中心化，所有重要的經濟決定都應該由市場的每一個參與者自己決定。同時正有資本主義制度的存在，人們因害怕自己的產權被吞噬，也更有意願地執行自己的權利和監督政府。從以上例子，我們不難看出，資本主義和民主主義有許多原則觀點都是一致的，而由於市場經濟能給予社會每一個人，更多的誘因來維護資本主義，間接地也維護了民主制度。

資本主義是民主制度的先決條件。一個國家沒有資本主義制度，自然也不可能擁有真正的民主社會，在歷史中無一例外。許多如伊拉克、阿富汗、突尼斯等因不同原因[56]被硬性導入民主制度的中東或西亞國家，結果是一團糟，無法建立社會秩

56 Goldberg, *Jonah. Suicide of the West: How the Rebirth of Tribalism, Populism, Nationalism, and Identity Politics is Destroying American*,（Crown Forum, New York, 2018）p.287

序。在我看來，其主要原因就是，這些國家本來就沒有如私有產權和法治等資本主義傳統，所以即使硬性導入民主制度也只是注定失敗。

要實現民主，每一位國民必須深刻理解自己的權利（如私有產權），為自由要付出的代價，和相對要負的責任。這些都是一個國家經歷資本主義市場經濟才能獲得的傳統，無法在短時間內建立。沒有經濟自由傳統的社會實施民主，輕則就是人們漠視自己的自由與權利，從而政府貪腐嚴重，重則就是國民依賴民主社會的福利卻拒絕承擔自身責任，從而令民主制度走向敗亡。

但我們要注意的是資本主義是民主的必要條件，但這並不代表有了自由市場，民主自然就會建立起來。香港就是其中一個例子，從一八四〇年香港成為英國殖民地後到今天，香港從未實施過真正一人一票的選舉。這固然有英國和中國在背後的政治角力，但這彷彿沒有阻礙香港成為世界一流的金融中心。香港從十九世紀開始，慢慢一步一步地建立了成熟的資本主義制度，其中也包括了經濟自由和公平的法治。

中國大陸也是一個政治自由和經濟自由不同步的例子，在改革開放後中國放棄了指令式的計劃經濟，並一步一步轉向了自由市場，許多人都期待民主會隨著經濟自由逐步被建立。但到了二十一世紀的今天，現實卻事與願違。同樣，二戰前的納粹德國，法西斯義大利與西班牙，軍國主義下的日本等，在經濟上雖然奉行的是資本主義，但在政治上卻和民主毫無瓜葛。

資本主義就是消費主義？

毫無疑問，作為人類文明的主流經濟運行制度，資本主義給我們帶來歷史上從未有過的物質繁榮。到了現代社會，有不少人非常懷疑豐盛的物質文明是否真的帶來了精神文明。相信許多中文讀者都對一些如資本主義制度下工人被剝削，白領被消費主義綁架，香港台北年輕人無法買房等等的詞語不陌生。這些詞語似乎都在告訴我們，資本主義的發展和物質財富的大爆炸，似乎並沒有令人類的生活更美好。

即使我是自由市場的支持者，也對資本主義制度和人類幸福的關聯性提出過疑問。例如，在二〇二〇年全球所有國家的人均生產總值（GDP per capita）是一萬美元左右，而在四十年前的一九八〇年卻只有兩千五百美元[57]。換言之，在這四十年間人類平均多賺了四倍的錢，又或者說我們所用的物質翻了四倍。但問題是我們的收入增加了四倍，那我們的幸福感也真的在四十年增加了四倍嗎？答案恐怕是否定的。

在我大學畢業後的第一份工作，曾經和一位馬上要退休的前輩共事。前輩就對我說在一九八〇年代他剛進入職場的時候，根本沒有什麼電郵或電腦溝通軟體。一旦周末或放假時，就可以真的完全放下工作不去想，也沒有人會來找你。但到了今天卻不一樣，由於通訊科技的發達，即使放假躺在沙灘上，有些人迫於工作壓力還是會掏出手機看一下電郵，獲得安心感。最糟糕的是因為放假時瞄了一下電子郵件，看到了壞消息，度假的心情就全毀了。這個情景真的很難說服別人二〇二〇年比一九八〇年的人幸福。

57 The World Bank Data, https://data.worldbank.org/

資本主義是舒服的集權？

許多人主張資本主義的本質就是消費主義，而不斷的消費又會使人墮落。其中，尤其是哲學家馬庫色（Herbert Marcuse）對資本主義的批判尤為犀利。馬庫色是猶太人，出生在納粹德國，後來因納粹德國排猶，為逃避集權迫害而逃到美國。在自由的美國，馬庫色享受著自由，無需為自己猶太人的身分而擔驚受怕。但對於美國自由體制一大特色的資本主義制度，馬庫色卻完全不留情面地批判。

馬庫色從不掩飾他是一名馬克思主義者，也和馬克思一樣對資本主義持負面態度。他稱美國的發達工業社會為非恐怖的極權主義或寬容性壓迫（Repressive Tolerance）。非恐怖與極權主義，寬容與壓迫，這些詞語表面看起來都是互相矛盾的。但在馬庫色看起來他們可以在資本主義制度中並存[58]。

在馬庫色看來，主張自由的資本主義給予人們一種舒舒服服，物質豐盛的體驗，但其實它的本質是不自由的。表面上人們生活富裕，也可以進行自由的選擇，但實際上是被這個制度所控制，慢慢地失去自由而不能自拔，且因為這種舒服的感

58 Marcuse, Herbert. *One-Dimensional Man*（Beacon Press, Boston, 1964）

覺，令人無法察覺自己處於集權中。

馬庫色提出資本主義式的控制有兩個特點。第一，它不渲染暴力，也很隱祕，不會讓人覺得恐怖。第二，資本主義很會包容和「統戰」他的敵人，讓控制的力量可以一直延續下去。資本主義知道人有無窮的欲望，他就不斷利用物質滿足人的欲望，人就會開始想要更多，使其人服從地付出勞動，甘心被資本主義和自己的欲望所支配。

馬庫色認為，現代資本主義所創造出來的許多需求都是我們不需要的，他把那些需求稱為虛假的需求（False Needs）。現代人類的許多需求之所以虛假，是因為我們不需要那些奢侈的消費，我們也能獲得價值和幸福。也許和牛相對於普通牛肉，智慧型手機相對於普通手機，名牌包包相對於地攤貨都是虛假需求的範疇之內吧。馬庫色主張，我們人類需要什麼，覺得什麼有需要，什麼東西是有品味，什麼東西是美觀，很多時候都不是我們自己決定的，是我們被繁華的消費主義社會所洗腦。

資本主義帶給我們奢侈的態度、習慣和情感，當我們一旦接受了之後，就無法自拔了。這就是中國人經常說的：「由儉入奢易，由奢入儉難」。資本主義帶來的是消費主義，而並不是真正的自由。不斷的消費，表面上是滿足了我們的需求，事實上是我們帶進無盡的深淵。

我第一次看到馬庫色的論述時，令我想到以前一位長輩的故事。他做著一份體面並且高薪的工作，但他卻經常埋怨自己因工作忙碌沒有時間做運動，身體開始變差。所以他要每個月花數千塊臺幣去健身房，並且花過萬來請教練。他老強調，為了能支付昂貴的健身費用，他只能更加努力的工作，換取更多金錢來繼續健身。我聽到這個故事的第一反應是，搞不好換份工作，有更多的悠閒休息時間，不要那麼操勞，再做點簡單不用花錢的運動，這樣效果也許會更好。

馬庫色對資本主義制度現狀的批評並非毫無道理，的確我並不認為資本主義越發達，人們就一定越幸福。消費主義中爆買的情況，也的確在現今社會中並不陌生。可是，我很懷疑馬庫色把一切問題的責任推給資本主義制度又是否恰當。要知道，正因有了資本主義和市場經濟，我們才多了許多選擇，能自由地實現我們自己的想做的事情。這就包括獲得幸福，實現意義等，雖然這同時也有可能是滿足自己的虛假的欲望。

我想強調的是對於自由的定義，從來都不是簡簡單單的，可以在不受壓迫和恐嚇的情況下，為所欲為。這個定義在我看起來更像是放縱，而不是自由。自由的意思必須是可以自由地選擇，在選擇的時候要認真考慮每一個選項的利弊，而且最重要的是，每一個自由的人對於自己的選擇要負上相對的責任。而資本主義就是在人類歷史給我們最多選項的制度，讓我們去選擇和擔當起相對的責任。

更多選擇讓人更自由

關於人的自由選擇和相對的責任，我非常喜歡沙特（Jean-Paul Satre）的描述[59]。有趣的是，沙特和馬庫色一樣，都自稱是馬克思主義者。但我卻覺得沙特對自由的論點，可以用來反駁馬庫色對資本主義的批判。沙特同樣認為，自由的社會帶來的除了責任之外，對人來講也是沉重的負擔。他的論點如下，首先他認為人類存在這個世界上是沒有與生俱來的意義的。

我們出生也許只是一個偶然，來到人世間過了數十年後我們就要死去。在現代

59 Satre, Paul. *Being and Nothingness*,（Philosophical Library, New York, 1956）

社會之前，西方社會的天主教告訴人們要講道德，要做好事最後方能上天堂。在東方的古代中國，男人要做君子和講道德，才能留名青史。女人要三從四德，方能立牌坊。這些都是環境或文化，告訴人們應該怎麼做，賦予他們生命和存在的意義。但這些意義都已經不復存在，很多現代人看到這些人生意義的標準，不是覺得匪夷所思就是嗤之以鼻。相反，現代社會的特點就是，理論上沒有人和權威會告訴你的人生有何意義和必須要幹什麼，這些都是我們要自己去尋求和思考，而沒有預設答案。

你可以選擇以愛情為中心而生活，也可以選擇把親情、職涯、興趣愛好或學術等放在第一位，只要在法律允許和不侵犯到別人的前提下，都沒有問題。將選擇最大化，這就是沙特所說的自由。也就是說，人生的選擇越多越自由。換言之，在資本主義是實現人生意義最好的制度，因為它能給人提供最多的人生選擇，供人們自由地選擇實現人生意義。

如果資本主義制度被視為不自由的話，我們看在沒有資本主義的社會與國家又是如何。我們看以前的蘇聯和中國，在精神層面上，人的價值觀必須和公權力保持一致，政府定義給大眾是非對錯，如此一言堂就不要談什麼自己選擇自己的意義了。另外在物質上，由於市場缺乏激勵機制，社會經常出現短缺，在連吃飯都吃不飽的情況下，批評物質豐盛的資本主義中的虛假需求是不是有點太苛刻。

在沙特看來因為人生沒有定義，我們根據自己的想法進行人生道路選擇，未來將不會是確定的。當我們在資本主義社會中，獲得更多的選擇，而我們能從眾多選擇中選到最適合自己的，這難道不是自由的表現嗎？當然，有人會從選擇中選到美好的人生，和實現自己的價值。但同時也會有人無法克服自己的欲望，陷入深淵中不能自拔。人們必須好好想清楚，自己需要什麼，並為自己的選擇之後果負責，不埋怨別人和社會環境。這就當然包括了資本主義制度。有人實現價值，卻有人選擇被欲望吞噬墮落，難道這是資本主義制度的錯嗎？

的確，我不懷疑社會中會有很大一部分的人會因為消費主義而自我墮落。但在我看來，問題的核心並不在資本主義帶來太多的選擇，而是人們面對選擇是否有能力意識到自己的自由選擇會帶來怎樣的後果，和自己是否能夠承擔。要實現這一點，我覺得像哲學一類的人文學科就顯得很重要。只有在人清楚意識到，自由是什麼之後，人們才不會墮入欲望的深淵而不能自拔。

消費主義在資本主義社會只是表象，自由市場中除了有消費之外，還有許多實現人生價值的選擇機會。自由的本質就是選擇，當資本主義能給予社會中每一個人更多的選擇與可能性的時候，此時去批判這個制度帶來的選擇太多，在我看來非常矯情，也是不敢為自己的選擇負責的表現。

回到一開始資本主義所帶來的財富爆發，並沒有帶來相對幸福的問題。隨著更加深入的思考，我的看法已和以前大不一樣。我們為何不反過來看待這個問題，隨著現代社會的發展，人們有了多付出一點努力和煩惱，卻能換來更多的金錢來實現自己的人生目標與意義的可能性。在發達的資本主義制度下，我們有了付出更多努力換取金錢，同時人們也可以選擇減少工作和煩惱地生活，這事實上，增加了選擇生活方式的可能性。

再說，當有人墮入欲望深淵時，在我看來把責任推給資本主義有失公允。資本主義雖帶來更多選擇，但要實現真正的自由，更需要人本身的自律和責任的勇氣。自由帶來的並不一定是幸福，它只能保證人可以選擇自己想要的東西，但最後的結果必須由做出選擇的人來承擔。

第四章

資本主義與平等

進入二十一世紀後，無論是在西方還是東方，資本主義一字好像變得越來越負面。在二〇一九年一個對美國年輕人的問卷中，對資本主義制度持有負面態度的比例達到接近五〇%，而且其比例也有逐年增加的傾向。作為現今資本主義最發達的美國出現這種趨勢，實在令人感覺憂心[60]。

其實從十九世紀的馬克思開始到二十一世紀的今天，對資本主義的批判都從來沒有停止過，主要的觀點不外乎是資本過度集中、企業壟斷、工人被剝削等等。把所有的批評一言以蔽之，就是資本主義制度不平等。

社會底層從資本主義中獲利相對更多

因現代資本主義的出現，導致貧富差距擴大的評價，在我看來過於苛刻。如果我們深挖歷史中人類社會發展的軌跡，資本主義帶來兩極分化的結論也站不住腳。

60 年輕人認同資本主義和社會主義的趨勢。https://news.gallup.com/poll/268766/socialism-popular-capitalism-among-young-adults.aspx

首先，現代資本主義制度給人類社會整體帶來的物質豐盛的事實無可置疑，而且在歷史絕大部分的情況下，社會中每一個人都會因自由市場的存在而獲得生活水平的上升，甚至在底層的民眾獲得的相對進步比上層社會還要多。

我們在前文討論過在資本主義制度中，推動經濟社會向前發展的動力，是人類追求財富的欲望，和因競爭帶來的技術進步。讓我來舉一個關於飛機票的例子[61]。在六〇年代的美國，搭飛機曾經是非常昂貴且奢侈的事情，一張從美國東岸飛到西岸的機票價格為兩百~三百美元，換算到二〇二三年左右的購買力大約就是一千七百到兩千五百美元。不誇張地說，六十年前的美國國內航班的價格是今天的十倍。除了像飛機飛行更省油或航空公司管理的效率改善等技術因素外，一個讓飛機票變便宜的很重要的原因，是在七〇年代後，美國政府放鬆了對航空公司進入航空業的限制，因此航空業界不再由數家大航空公司壟斷。競爭對手的增多令機票價格下降，而市場化主要受益的是消費者。

61 搭飛機在二十世紀六〇年代曾經是一種奢侈。https://brilliantio.com/how-much-were-plane-tickets-in-the-1960s

我想強調的是，市場機制令到機票價格變便宜對於富人階層和窮人階層來講意義也許完全不一樣。對於財力已經非常雄厚的富人來講，市場競爭帶來的廉價機票也許代表的，只是一年能多出去幾次旅遊，或能夠到比以前更遠的地方去度假。即使之前機票沒有降價，有錢人依然有足夠的錢支付。但對窮人來講，機票大幅度降價代表的有可能是從太貴無法旅行，到變成可能的改變。換言之，降價對富人來講是錦上添花，但對老百姓來說卻是從無到有。從資本主義市場經濟帶來的財富與進步中，獲利最多的往往不是上層階級，而是廣大老百姓[62]。

同時，自由市場也主張機會平等是發展經濟的必要條件。根據古典市場理論，只有在每個人都有平等的機會進行生產、交易和消費的情況下，才可以把市場裡每一個參與者的工作意願和潛能激發出來。不管你是誰，只要你有好點子並有能力進行生產或提供服務，就能進入市場與其他商家進行競爭。

市場不允許有不讓他人進入業界的特權階級進行專賣。在資本主義市場裡是，

62 Zhang, Weiying（張維迎）. 市場的邏輯（上海人民出版社，Shanghai, 2012）p.49

誰能提供最好的產品服務和最合理的價格，就能獲得買家的認同與訂單，這也是在市場中存活的唯一方法。這個邏輯不會因為你的階級、出身、膚色和人種而改變。在資本主義制度中，一名醫生是否能夠在市場中繼續執業，跟他的醫術和口碑有關，和他的社會階級無關。同樣，一間餐廳是否能經營下去，和餐廳的味道和服務有關，與店長的人種膚色無關。只要有能力有競爭力，每個人都能在市場獲得利潤。

資本主義之下更有機會階級跳躍

相信許多讀者都有聽說過「資本主義社會是一個講錢的制度」這句話。這聽起來有點負面，彷彿是在暗示社會不公平，有錢就能使得鬼推磨。但我想請讀者換個角度思考這個問題，難道講錢不也是一種社會平等的表現嗎？在十八世紀前的西方社會，貴族文化與特權非常盛行，擁有奢侈品和房產，甚至是高等教育等都是社會上層專有的特權。社會下層即使有錢也無法獲得。

許多前殖民地國家在獲得獨立之前，都有種族隔離的政策。殖民者往往擁有社會資源的特權，而被殖民者往往連上大學的機會都沒有。但隨著資本主義制度的發展，到了今天，只要能在市場中換到了財力，便能擁有前文所提到的那些資源。

中國傳統社會也有類似的情況，相信讀者都有聽過中國社會有士農工商的這個講法。商人也許會比工人和農民有錢，但其社會地位是最低的。他們出門往往要穿某種特定顏色的衣服，土地產權也會被限制。也就是說，無論商人如何努力通過商業賺多少錢，都無法超過士農工提高社會地位。

所以，現代資本主義的興起對階級流動也有正面的推動作用。在市場中，有競爭力的人只要能賺到利潤，就可以獲得社會上層的進入權。沒有錢的人可以通過自己的才智和努力換得財富，實現階級跳躍，但出身和人種卻是後天無法改變的。

改革開放帶來的階級跳躍

中國大陸的改革開放就是社會階級流動很好的歷史案例。在二十世紀七〇年代文化大革命結束後，中國政府在經濟政策方面開始一步一步轉向[63]。中國從嚴格執

63 中國經濟改革開放。https://www.jri.co.jp/english/periodical/rim/1999/RIMe199904threereforms/

行否定私有產權的計劃經濟，慢慢地把越來越多的市場元素帶到經濟體中，即使政府從來沒有正式承認過本國是執行資本主義市場經濟。

中國的經濟市場化帶來的除了財富的爆發外，同時也給下層老百姓往上爬和獲得社會地位的機會。我的母親在中國大陸出生長大，曾經歷文化大革命和上山下鄉。我經常聽到父母對我說到了文革後期，從城市來到農村的知青，都會想儘快回到城市去。但知青從農村回到城市的過程並非一氣呵成，而是一波一波緩慢的過程。

幸運的人，家裡也許有後臺或和共產黨有關係，通過某些手段能優先回到城市。但不幸運沒有後臺的人，就得努力和當地的農村幹部打好關係，他們的權力能決定一名知青可以何時離開。這種憑自己的公權力能決定他人命運的事情，在中國進入改革開放後來已經很少發生。是否為公務員或是否擁有公權力在市場化後的中國，已經沒有像文革時候那麼重要。

有人說改革開放帶來不平等，對此我並不完全認同。在改革開放後，的確在收入上，人與人之間有差距。但在我看來，那是物質多與少的差別。因貧窮而餓死的人在改革開放已經很少發生，也很少人的命運可以完全被公權力來控制。與計劃經濟的文革社會比起來，改革開放在公民社會和公權力兩者的平等來講，我認為是進步的。

社會階級的跳躍不僅僅出現在改革開放前後，即使在改革開放後依然持續。要知道，曾經的中國第一富豪馬雲，在七、八〇年代末也只是一名英語老師，但經過他自己的努力和才智也能一躍成為富豪。中國政府也許也明白，要讓經濟發展起來，就要每個人都可以公平競爭，方能刺激出每個人創造財富的欲望與天賦。

開放高考讓每個人能公平獲得教育機會，允許民營企業在某些行業能和國營企業競爭等政策，讓手上沒有公權力的人，都能獲得財富和階級跳躍的機會。在自由市場中，像價格和規則等的關鍵市場訊息都相對透明，每個人都能觀察到。人們可在其中進行交易、合作與競爭。不管你是誰，你的背景如何，市場都一視同仁對待，只要你有能力為他人提供價值，就能獲得相應的盈利與財富。

計劃經濟更加不平等

計劃經濟一般也會被稱為命令經濟。顧名思義，它指的就是一個國家或社會的經濟運作，應該由一堆聰明的社會菁英來發號施令，用命令的方式來決定應該生產怎樣的商品，價格和通路等等。我不懷疑這些號令天下的菁英的本心是善良，他們也許不滿自由放任競爭的制度下，社會出現不平等的階級。

有些人家財萬貫，另外一些人卻窮困潦倒，主要原因就是因為放任競爭，突出了人與人之間的差別。所以，社會不應該放任每一個人自由發揮，而應該有上層社會來設計經濟的運作方式。我非常可以理解這類人的想法初心，但一旦到了現實的執行層面，諷刺的是本來是主張人人平等的命令經濟，在歷史中往往會變成最不公平的制度。由於在命令經濟的體制中，菁英有決定經濟運作的責任。換言之，他們就是擁有了公權力，而這又和沒有公權力的老百姓的形成了不平等。

另一方面，政府命令決定一切，社會就沒有了自由競爭和價格機制，同時也失去判斷商品服務好壞的能力。本質上，競爭和價格有給予市場訊號[64]的功能。能在

64 Taylor, Timothy. The Instant Economist: Everything You Need to Know About How the Economy Works,（Plume, New York, 2012）p.12

市場中生存很久的企業，代表著有競爭力，有能力提供好的產品服務。沒有競爭力的企業很有可能已經倒閉了。價格也有同樣功能，相對的高價格有可能代表的是這件商品很搶手或質量很好。

這些訊號也能給市場中其他的參與者一些提示，下一步應該投資或生產什麼。當政府壟斷市場的決定權，而這些訊號也缺失的時候，這個情況就只能靠擁有公權力的人來安排經濟運作了。換言之，就是人治經濟。人治最大的問題是，在沒有價格和其他訊號的情況下，所謂的上層經濟菁英，也無法獲得準確的市場訊息。一則，政府做決定時靠的是亂猜。二則，擁有公權力的人由於也無法知道應該如何分配資源，往往就會根據自己利益來進行判斷。這也是為何往往在共產主義國家，權力濫用和貪汙腐敗如此嚴重，這些行為在蘇聯和共產中國的歷史中史不絕書[65]。

我認為由於無人能控制市場，所以市場的機制反而是一個客觀且公平的分配機制。相反，人治反而是靠人的主觀進行判斷，而人一旦有了權力就無法做到不偏不

65 Lavoie, Don. *National Economic Planning: What Is Left?*（Mercatus Center at George Mason University, Arlington, 2016）p.12

倚，反而有失公平。

馬克思的剝削理論和諾齊克的反駁

馬克思對資本主義的批評

讓我們回到關於馬克思對於資本主義批評的討論。馬克思對自由市場最有名的批判就是剝削理論。他的著作《資本論》中有對他對資本家剝削勞動者的解釋描述，但此書非常晦澀難解，其實馬克思想說的主要是兩點[66]。第一，所有商品的價值都是來自於勞動創造，所以應該全數由勞動者所擁有。但事實是，資本家並沒有按照勞動者的付出支付相對的薪水。

馬克思把商品的價格和實際的薪水之間的差成為剩餘價值（Residual Value），而他同時也認為本該屬於勞動者的剩餘價值，在資本主義的制度中大部分變成了

66 Kishtainy, Niall. *A Little History of Economics*（*Little Histories*），（Yale University Press, New Haven, 2017）p.79

資本家的盈利，所以勞動者是被剝削了。第二，這種剝削在馬克思看起來是強制勞動，其主要原因是因為勞動者不擁有如工具和機器等的生產資料（Means of Production），這些都被資本家所獨占。沒有生產資料，勞動者就無法創造商品的價值，所以只好乖乖地接受剝削，所以這是強制勞動。

齊克對剝削論的反駁

馬克思的理論曾經風靡一時，直到二十世紀上半葉，但批評之聲從未間絕。然而隨著蘇聯、中國、古巴等共產主義注意國家的經濟失敗，認同馬克思的人越來越少。在共產主義和剝削理論的批判者中，最有名的就是諾齊克（Robert Nozick）。諾齊克並不認同馬克思所提出的剝削理論，他認為在自由市場中所謂剝削現象並不成立。由於每一個人每個人都不一樣，也各有專長，在勞動市場中的價值自然也不一樣。有人能力高，有人能力低，當他們都自由地選擇職業，自然就會獲得不同的薪水。

勞動者們有自由選擇接受老闆的聘請，也可以選擇辭退，能力高的人少，能力低的人多，當一名能力低的勞動者沒能獲得理想的高薪時，卻又選擇接受聘請時，難道我們就可以說他被剝削了嗎[67]。我非常同意諾齊克的觀點。馬克思的剝削理論彷彿都在暗示資本家永遠能賺大錢。但事實並非如此，企業家也是有虧錢的時候。

如果認同馬克思剝削論的人認為，勞動者在資本家賺錢時可以分到利潤的話，那是否在資本家虧損時勞動者也該分擔虧損呢？更何況到了二十一世紀，創業失敗的機率遠比成功高，已經有調查證明新創業公司在五年內倒閉的機率高達九〇％。在這種情況下，我相信許多上班族、打工人也不願意接受分擔虧損的條件。

與馬克思大不同，諾齊克認為商品的價值有很大部分來自於資本家的冒險行為，而並非馬克思所說完全來自於勞動。事實上，要創業或投資，某個程度上和賭博非常相似。由於市場非常複雜，即使很努力用盡自己的才智，也無人可以有把握一定能賺錢。在諾齊克看來，投資和做生意的利潤，就是對投資者願意冒險的回報。到了現代，許多勞動者因為自己有技能獲得一份薪水不錯工作，他們的存款其

67 Nozick, Robert. *Anarchy, State, and Utopia,*（Basic Books., New York, 1974）

實也能自己投資和創業。但事實上，即使是在這群高薪階層裡面願意冒創業風險的人還是非常少數。如果投資沒有風險穩賺錢，相信社會中每一個人毫無例外都會去當老闆吧。

在我看來，我們不能把勞動和商品價值直接掛鉤。對於認為工作量越大，生產越努力，就能在資本市場中獲取利潤的看法，是不符合現實的。到了二十一世紀，音樂的載體已經是數位和 MP3 的時代了。即使我在今時今日非常努力的生產卡式錄音帶，其結果注定是徒勞，因為卡式錄音帶已經不再適合這個時代了。打工這個行為本質上是提供自己的勞動力換取薪水，勞動者無需冒任何風險。既然勞動者在事前已經決定拒絕冒險，當資本家冒險賭贏了之後，勞動者也不應該埋怨自己當初沒有下本投資。

我相信許多勞動者認為自己被剝削和不公平對待，是看到自己的老闆獲得豐厚的利潤，自己卻依然拿著底薪時，所感到的嫉妒不甘，懊悔自己當初為何沒有一起參與投資。在廣東話我們稱這種心理為「有早知，無乞丐」，大概的意思就是說我們永遠無法準確預測未來的後果，如果能的話，社會上每個人都變百萬富翁了。

這就好比有人買保險，卻一直平安無事無需索賠，他也許就會覺得很懊悔為何當初花這麼多錢買保險。但明理的人都看得出來，正因為人不知道下一步會發生什麼意外，所以才要買保險。事後諸葛亮地來懊悔毫無意義。

對於市場中每一個人來講，是冒風險去投資還是零風險地去打工，是很公平的選擇。

第五章

二十一世紀現代資本主義的多元與包容

人類文明發展的轉捩點，是從愚昧到啟蒙的過程，同時也是從屈服權威到爭取自由的過程。對這個人類進步的脈絡，古希臘哲學家柏拉圖（Plato）曾經提出過離開洞穴的這個比喻。請讓我簡單地復述一下柏拉圖的這個寓言。

人類中的一部分人一出生就住在沒有陽光的洞裡面，並不可出外，他們被綁手綁腳綁頭，只能看著山洞的牆壁。有人會在身後拿著火把，讓他們能看到火光映照並反射在牆上的影子。對於這些洞穴人來講，山洞就是他們的世界，也是他們認知的全部。山洞內恆溫，有水也有食物，生活還過得去。但有一天，洞穴人之中出現了一位「怪胎」，他偶然地發現枷鎖被打開的方法，便一點一點地往外爬，第一次走出了山洞，看到了陽光，看到了新的世界。

對於此故事，柏拉圖做出兩點斷言。第一，一個洞穴人一旦離開了洞穴，看到了真實的世界，是不可能再回到洞穴裡面生活的。第二，這位離開了洞穴的人，一定會通知曾經一起生活在洞穴的夥伴們，向他們描述洞外的世界，嘗試帶領所有人離開山洞[68]。

68 柏拉圖之洞喻。https://faculty.washington.edu/smcohen/320/cave.htm

這個簡單的寓言故事，非常形象的形容了人類從矇蔽到看到真實的過程。短短的一個故事，勝過千言萬語的文字描述。人們一旦曾經走出山洞，看到了真實的世界，意識到自己一直以來的環境都是虛假和謊言時，人們會斷然選擇前者。這說明人的本性是嚮往真實的事物的。另外，也許生活在山洞裡會覺得很舒服，要放棄現有已經習慣了的生活需要一定的勇氣。但人一旦獲得了自由，即使自由有可能代表要忍受如酷暑寒霜，窮困潦倒的生活也不會回頭。

柏拉圖的這個寓言故事寫於兩千多年前的古希臘，但從人類的大歷史來說，人類文明真正開始離開山洞，要等到一千多年後。在此期間，東西方文明都被束縛在宗教和禮教的框架內，無法在此之外理解世界。以歐洲為例，直到十五世紀文藝復興，宗教改革和啟蒙運動的相繼出現，人們才真正擁抱科學理性和人文價值。

在此之前一千年的中世紀，歐洲可以說是一個被宗教壟斷的威權社會。比起個人的權利，想法和渴望，當時的社會更重視於整體價值觀。社會中每一個人的價值觀被天主教所定義並標準化。什麼是對什麼是錯，什麼該做什麼不該做，這些問題全部都能，或只能在天主教教義找到答案。所有與官方口徑不統一的價值觀都會被視為異端。輕則會被受到打壓，重則有可能會被肉體消滅（第一個提出日心說的波蘭科學家哥白尼便是如此）。

在這裡，我並不是想完全否定基督教與天主教的教義。相反，我認中教義中如男女平等的觀念，也成為了現代西方社會的主流觀念的核心。但不可否認的是，天主教要完全否定和消滅與宗教概念不符的價值，不讓個人自由發揮，這一點的確大大地限制了人類文明的發展進程。

即使在中世紀過去後，宗教的力量江河日下，而給予個人的空間也比中世紀時多，但權威的影響力並沒有因此完全消失。把宗教取而代之的是王權，在歐洲大陸上，國家與社會的權力與財富依然有被上層社會壟斷的傾向。之後的數次歷史事件，如十八世紀末的法國大革命和二十世紀初的俄國革命，便是社會下層對王權的反撲。

隨著歷史的發展，人類一步一步地拋棄權威，走出山洞，擁抱如自由平等等更加人性化的價值。人的想法和價值不再被某一套教條所束縛，所謂由權威所定義的唯一正確的標準答案不復存在。人們獲得了更多的空間，自由地按照自己的想法進行創新。曾經，自由是一種特權，只有貴族和社會上層的人才配擁有，而其他人某個程度上只是奴隸。但隨著人們走出山洞，本來是特權的自由，到了現代社會已經變成了每個人都該有的一般權利。

現代經濟學演化史

回頭看西方現代經濟學的發展，也有類似出走山洞的過程。在我看來，經濟學思想走出山洞的瞬間，就是亞當・史密斯出版《國富論》的那一刻。在本書開頭，已經有提到亞當・史密斯是現代資本主義之父，是因為他在著作中提出「看不見的手」的概念，主張應該把經濟發展的決定權，下放給市場和民間，這才是發展國家經濟的力量。但在此之前，歐洲主流經濟思想與此大相徑庭。

在十八世紀之前，經濟活動非常受國家和皇權的影響，經濟歷史學者通常把此稱為重商主義（**Mercantilism**）[69]。在當時歐洲諸國的為政者看起來，平民老百姓的

69 Kishtainy, Niall. *A Little History of Economics*（*Little Histories*），（Yale University Press, New Haven, 2017）p.31

生活水平並非經濟發展的第一目標。相反，在他們看起來，優先該考慮的是如何富國強兵。當時的人十分看重如黃金之類的貴金屬，因為只有通過這些貴金屬才可以在國外買到所需的貨物，也能在國內發行貨幣。國與國之間的貿易的在當時的人看起來，也是一個零和遊戲（Zero-Sum Game）[70]。換言之在一次交易之中，永遠有贏家和輸家，不是你輸我贏，就是你贏我輸。

在大部分的情況下，認同重商主義的人會主張，由於賣家一般都會從交易中賺取利潤，所以買家大部分情況下都是比較吃虧的一方。這就造成當時的歐洲諸國會比較認同盡量出口本國的商品到國外，從而換取貴金屬。同時盡量減少入口，把貴金屬存起來以防不時之需。在重商主義的思潮下，統治者也比較偏好把財富集中在如貴族等的社會上層中。

市場中某些行業的經營權甚至是土地的擁有權，都被社會上層所壟斷。對於為政者來講，這麼做的好處主要有兩點，一方面，財富的集中能方便國家集中力量，

70 零和遊戲。https://www.investopedia.com/terms/z/zero-sumgame.asp

隨時可調動資源對應如戰爭等的突發情況。另一方面也可以拉攏貴族幫忙維持社會穩定。要實現這一點，自然就不能讓社會底層的經濟太過活躍了。

《國富論》對經濟學帶來的巨大影響

《國富論》的面世令歐洲各國對於國家經濟發展的認知大轉彎。首先，《國富論》主張藏富於民，讓國民的生活變好變富裕，才是經濟發展的第一目標。要給予民間市場自由，提供民間自己追求財富的機會，從而釋放他們的生產力。如此讓經濟活動流動起來，這樣在亞當．史密斯看起來才是真正的國富。當然只要經濟發展起來，國家也能在從中透過稅收獲得更多政府收入。

另外，《國富論》也不同意貿易是一個零和遊戲，相反貿易本質上是雙贏。賣家能從交易中獲取利潤沒錯，但買家購買商品也可以用來生產其他商品，從而換取利潤。即使購買的是消費品，沒有下一步生產，但商品也一定會創造比價格更高的效用或享受，買家才會購買。所以，無論是對於買賣兩邊的任何一方都不會虧。另外，在亞當．史密斯看來，所謂的貴金屬只是一堆石頭，並不是測量國家財富的客觀標準。把一堆石頭存起來當寶實屬荒謬。

國富論的面世有如洞穴人走出山洞，並告訴人類我們不需要國王、貴族和權威，在自由市場中我們自己決定如何通過努力來換取幸福和財富。同時，由於經濟交易是雙贏的，我們在實現自己想要的生活的同時，也能為他人帶來價值和社會的道德。

資本主義無疑是成功的，之後在十九世紀在英國乃至全球的財富大爆發便是有力證據。資本主義要放任，要給予市場自由，政府無需管太多等的主張。但也許某個程度上在維護社會正義和平等中，無法兼顧。資本主義不是完美的，最近幾百年一直受到來自主張平等的聲音所攻擊。

資本主義在世界各國中不斷被攻擊，幾百年來自由市場的地位浮浮沉沉，有的國家選擇堅定地擁抱它，有的國家選擇改造它再拿來用，有的國家選擇否定並拋棄它。也有某些國家選擇先否定它，然後發現不對勁再把它撿回來用。各國的選擇都不大相同。但縱觀歷史，我們不難發現選擇資本主義制度的國家無論是物質上還是人文道德上都比較發達。而在二十一世紀的今天，不分東西方社會、資本主義和自由市場經濟制度都是絕對的主流。

資本主義也有自我進化迎合現代社會

雖說如此，但面對來自主張正義平等的批評，主張自由的資本主義制度自身也在不斷改變包容其它思想。遠在十七世紀的約翰洛克（John Locke）[71]非常強調社會經濟制度中人的基本權利和個人自由，相對很少提到收入不均或不平等之類的議題。然而，兩百年後同樣是英國哲學家的約翰密爾（John Mill）[72]雖然也強調個人自由，但和洛克不同的是他同時也嘗試把正義平等等概念混入自由主義中。從歷史長河的看起來，密爾的思想為自由市場包容平等主義開了先河。

即便如此，到了二十世紀後，來自平等主義對自由市場制度的批判依然唇槍舌劍，特別是在二十世紀中後半葉，許多西方的左派學者就對蘇聯和中共模式表達同情與期望。雖然主流學術界對於在資本主義中，必須平衡自由和平等的概念已有共識，但關於雙方的比例各占多少且用什麼辦法平衡的問題，一直都在討論。

71 Goldberg, Jonah. *Suicide of the West: How the Rebirth of Tribalism, Populism, Nationalism, and Identity Politics is Destroying American,*（Crown Forum，New York, 2018）p.51

72 同前。p.37

例如是自由重要還是平等重要？到底是否應該推行國家福利？政府是否應該干預市場？這些關於自由與平等不同的比例和組合，鑄造了現代自由主義定義的多元化。據說，對自由主義的定義，根據平等和自由的比例和執行方法，在學術界曾出現給超過三十個答案。

而在二十世紀，關於自由主義的眾多舌戰中，最有名的討論莫過於羅爾斯（John Rawls）和諾齊克（Robert Nozick）的大辯論。到底在資本主義制度中，平等和自由的比例應該分別是多少，到底怎麼做資本主義才能更加正義，這兩位哲學家的觀點最為極端，是資本主義多樣化過程中，非常有代表性的討論。

再分配可實現公平正義？

首先是羅爾斯[73]，在我的理解，他認同資本主義的基本理念，如私有產權不可

73 Rawls, John. A theory of Justice（Belknap Press, Cambridge, 1971）

侵犯，自由競爭等自由市場的原則概念，但他十分強調要在自由市場中加入平等的元素。如果經濟發展是一塊大餅。羅爾斯並不反對市場機制是把餅做大最好的方法，但他最關注的還是應該如何分餅的問題。

首先，他並不認同共產主義式的直接平均分，每個人對造餅的貢獻都不一樣，有人非常努力地幫忙，但不免也會有人偷懶。如果我們把餅平均分給每一個人，這對努力幹活的人不就不公平嗎？下一次再做餅時，恐怕每一個人都會等吃而不會努力幫忙了。

但根據每一個人的自身貢獻來分餅的話，在羅爾斯看起來也不合適。首先，每一個人廚師的具體貢獻很難被觀察與量化，有些人也許他們並沒有直接參與做餅過程，但他們有幫忙打掃廚房或在現場協調溝通，對於他們的貢獻到底是多少，應該分到多少餅，我們事後很難做到公平公正。而且，有些幫忙的人能力很低，貢獻少所以分到的餅也少，因此有可能會餓死。相反有另外一些人，做餅非常有天賦所以貢獻也很大，但他分到的卻完全吃不完。

羅爾斯認為如果分大餅是按照貢獻大小比例來進行分配會得到以上結果的話，

這樣不是真公平。在羅爾斯看來，問題的核心在於每個人對於分到多少餅的定義，很難達成一個客觀標準。因此，每個人都會從自身的利益出發來主觀判斷。也就是說，市場裡每一個參與者都是帶有自己的偏見與偏好來進行博弈，這樣很難實現公平正義。因此他提出我們有必要放棄自己的偏見，用絕對中立的態度，在事前來起草一份公平正義的分餅合約。

但這樣真的有可能嗎，對很多人來說這個想法是違反我們的直覺的。根據亞當．史密斯的理論，我們每一個人都是利己的，也會從自己的利益出發來思考問題。猶如媳婦埋怨婆婆看待夫妻吵架，永遠會偏心幫著自己兒子一樣，我們很難強求婆婆會放下自己的立場，不偏不倚地來判斷是非。

羅爾斯：用無知之幕判斷是非

但羅爾斯認為此並非不可能，並提出「無知之幕」（Veil of Ignorance）[74]的構

74 無知之幕。https://ethicsunwrapped.utexas.edu/glossary/veil-of-ignorance

想。無知之幕的想法是，我們判斷是非時，應該想像自己躲在一張幕的後面，去除自己所有的立場和偏見。例如，當我們要考慮一個經濟體裡的財富收入應該如何分配時，有人提出應該向富人收重稅來補貼窮人。這樣的建議我相信，窮人會鼓掌歡迎，而富人一定嗤之以鼻。那是因為他們的本身的立場所帶來的偏見而決定的。

那無知之幕應該如何執行呢？羅爾斯認為應該分三步。第一步，我們應該想像有一張幕隔開我們自己和世間事物。這個時候，躲在幕後我們，沒有任何個人特徵。我們要想像自己沒有任何立場，沒有性別、種族、階級、財產、宗教信仰等。羅爾斯把這個狀態成為「原初位置」（Original Position），並認為由於我們在原初位置沒有任何的個人特徵，看帶分配問題是否公平正義時就不會帶上自己的立場。

第二步，進入原初位置後，我們要想像如果自己是被政策影響的其中的其中一方的話，我們是否會對這個情況滿意。例如回到剛剛抽稅的例子，在幕後的我們可以想像如果自己是窮人，我們很有可能同意，因為這會令我們的生活水平上升。但我們同時也要換立場，想像自己如果是富人，又會怎樣判斷。

對於富人來講，抽重稅也許會令他們覺得自己收入的一部分被奪走。但給予窮人一定的財務安定感能讓社會更穩定，也能讓富人能在安定的環境下進行投資。另一方面，富人的工作與投資相對風險較高，他們自己也不知道現在的收入能維持多久，搞不好在不久的將來自己的生活也會變得潦倒，設立一個保護窮人購買力的制度也許可以被視為一種保險。

最後一步，我們把無知之幕拉開，根據在幕後想出來的草案簽一份契約，社會中所有人在簽訂後不能修改和後悔。這種在幕後，能設計出社會各方都能夠接受的分配制度的話，羅爾斯就會認為這是完全公平正義和理性的政策。

羅爾斯：最佳社會的兩大原則

羅爾斯認為這樣通過無知之幕，去除社會中每個人的偏見所設計出來的制度，一般都會遵循兩個正義原則。第一原則是「平等自由原則」（The First Principle: The Principle of Equal Basic Liberties）。第一原則和古典自由主義的定義非常相似，用簡單的話來講就是每個人都應該平等地擁有如言論、宗教信仰等的自由。另外，私有產權也應該被尊重，不可被侵犯。

羅爾斯認為平等自由是普世價值，沒有一個人有理由拒絕這些權利。在無知之幕後，沒有人會希望自己努力換來的財富被搶走，也不會有人希望因自己的宗教信仰而被社會否定或擔驚受怕。同理，當一個有理智的人在無知之幕後渴望自己擁有自由的權利時，推而廣之，他也必須同意別人有同樣的權利。所以市場經濟的基本機制，如自由競爭和保護私有財產等概念都被羅爾斯所接受。

第一原則很好理解，羅爾斯的理論最大的爭議在於他的第二原則。雖然羅爾斯認同自由競爭在經濟運行中的重要性，而且因市場競爭所造成的收入不平等也是可以接受的。但羅爾斯提出造成不平等的結果必須滿足以下兩個條件，而這兩點也就構成羅爾斯正義論的第二原則（The second Principle）。

第一個條件是機會均等原則（Fair Equality of Opportunity），其主要主張就是收入可以不平等，但社會中的每一個人都有平等的權利去做自己想做的事情，並進行競爭從而獲得高收入。例如像醫生或律師這種高收入的職業，一般來講大眾都是趨之若鶩。此條件就主張每個想成為醫生律師的人，都有機會和資格念法律系和醫學系。但羅爾斯認為這樣的機會平等還遠遠不夠，如果僅僅是競爭機會向每一個人

原則	條件	內容
第一原則：自由原則	平等自由原則 (Equal Basic Liberties)	每個人都應該有平等的權利，去享有最廣泛的基本自由權
第二原則：平等原則	機會均等原則 (Fair Equality of Opportunity)	各項職位及地位必須在公平的機會平等下，對所有人開放。
	差異原則 (Difference Principle)	會中處於最劣勢的成員受益最大

表格 2　羅爾斯的正義論

平等開放的話，這只是形式上的平等而已（Formal Equality）。

羅爾斯主張，即使開放自由競爭當律師或醫生，也會因為如原生家庭的財富，居住的區域，國小國中的教學的品質等，而令競爭優勢向某些人群傾斜。在台灣很有名的例子就是台灣大學的學生裡面，住在信義區的學生在台大的比例遠高於其他地區，這似乎在表示住在信義區並且擁有富裕家庭的人上台大的機率也比較高。

如果羅爾斯有注意到這個現象的話，他一定會認為雖然表面上教育制度保證每個人都有上台大的機會，但由於有錢人的起跑線不一樣，他們有可能請家教來提高成績，這不是真正的機會平等。所以，羅爾斯很有可能會主張拉平起跑線，給予所有學生一模一樣的教育，方能實現公平的機會平等的自由競爭，和讓在無知之幕之後的人們認同。以上，公平的機會平等為第二原則中的第一條件。

但儘管我們能夠盡可能努力地消除後天的競爭優勢，但人與人之間還是有先天的差異。有些人工作就是有天賦，其他人如何努力都無法達到他們的高度。這兩種人互相競爭的話，前者勝出的機率還是更大，這樣在羅爾斯看起來依然不是機會平等。這就帶出羅爾斯第二原則的第二個條件，也就是「差異原則」（Difference Principle）。

羅爾斯認為那些因天生才智和天賦獲得市場競爭優勢的人，有義務把自己的財富的一部分分給社會的最底層。羅爾斯想說的是，要弭平自由競爭下所產生的不平，就必須讓競爭的勝利者分一部分收入來讓社會最底層，生活最糟糕的人改善狀況。因為在無知之幕之後的人，也會擔心自己變成社會的最底層。所以，在沒有保證社會最底層可以獲得改善的話，自由競爭下所產生的不平等也就會是不正義的。

根據羅爾斯的無知之幕思考框架和兩個原則，他認同資本主義制度下的競爭，也尊重自由市場的機制。但前提必須是每一個人都可平等地獲得競爭的機會，並且在競爭失敗後，也能獲得社會補助，從而不至於生活往後退。很明顯，根據羅爾斯的邏輯，他是認同福利社會對富人抽重稅，然後來把稅收分給社會底層，保證最低生活標準。

收入再分配就是剝奪？

另一位美國哲學家諾齊克卻完全不同意羅爾斯的主張，雖然二人都同屬於自由主義的範疇內的哲學家，但兩位可以說是在同一自由範疇內的兩個極端。諾齊克認為從無知之幕所導出來，讓富人強制性分享自己財產的一部分給社會底層這個想法，與強盜邏輯無異。在諾齊克看起來，雖然羅爾斯認同資本主義的主要運行原則，但在財富分配問題上還是沒有充分地考慮與尊重個人權利[75]。

特別是羅爾斯的正義論第二原則中，關於處於競爭優勢的人有義務讓處境最差

75 Nozick, Robert. *Anarchy, State, and Utopia,*（Basic Books., New York, 1974）.

的人得到改善的這個想法，邏輯性不足。例如，如果有位女生因外貌不漂亮，而找不到工作，這時候美女們是否有義務去花錢補貼她去整型？又或者，有兩位大學生A君和B君同時去面試，但只有A君被錄取，做為競爭失敗者的B君又是否可以向A君要求補貼呢？這些例子看起來極端，但邏輯上和羅爾斯的正義論並沒有矛盾。

諾齊克：獲財有道就是正義

諾齊克主張個人的自由和權利是最重要，並且不可侵犯的。我們一般把這種觀點稱為自由至上論（Libertarian）。對於資本主義制度和自由市場的運作有兩點原則。第一是每一個人的個體權利絕對優先，不可被侵犯。第二是自由市場不可以因任何的道德辯護理由，而接受政府干預。從以上兩個原則，我們不難看出諾齊克是資本主義的「大粉絲」。但與主流經濟學家不同的是，諾齊克對資本主義創造財富的能力毫無興趣。他支持市場經濟的唯一原因，只是因為這個制度是最正義的[76]。

76 同前。

羅爾斯推理的邏輯是社會在財富創造之後，我們再去考慮如何盡量正義地去分配。但諾齊克的邏輯卻倒過來，主張只要事前一個人獲得財富的方式是合法並符合道德，也沒有強取豪奪並且來路清白的話，他就沒有義務去和其他人分享他的財富。公權力也無權干涉。關於收入分配不均的問題，諾齊克主張再分配只能靠捐獻，只有這樣才是富人自願做的。任何強制性的國家抽稅和福利保障，在諾齊克看來都是在道德無法接受的。

資本主義不斷在進化

到了二十一世紀的今天，當我們再提到自由主義這一個概念時，一般情況下它已經和最初的古典自由主義相差甚遠。在十七世紀由洛克所提出的自由主義更加純粹，主張每一個個體的自由和權利。但在最近的幾百年，自由主義面對來自平等主義陣營不懈的批評，它自己也在主動包容與平等有關的概念從而不斷進化。在美國，自由「Liberal」一字反而已經變成了是一個左派名詞。

但無論現今有多少平等的概念混進了自由主義裡面，它的名堂依然是自由主義，而不是平等主義。在我看來，當自由和平等發生衝突時，我們必須優先考慮自由，平等應該排在自由之後。回到前文諾齊克和羅爾斯的辯論，雖然我認為諾齊克的主張太過極端，完全否定社會福利制度太不切實際，但基於自由第一，平等第二的原則，我們不應該剝奪個人自由的權利。

每一個人都有不同的才能和天賦，也對創造財富付出了不同程度的勞動，硬性要求公平對有貢獻的人的確說不過去，與不符合人性。對於付出更多，更有才華和更有貢獻的人給予更多的報酬，這難道也不是公平的表現嗎？而且在歷史中我們也多次看到，通過公權力來實現公平也經常是好心辦壞事。即使為政者一開始希望實現人人平等，但所有人包括公務員都是自利的，一旦獲得權力而沒有監督，帶來的只有腐敗。蘇聯和中國的貪腐問題就是很好的例子。最後，我們還是無法否認「造餅」的最有效的辦法還是資本主義的自由市場制度。我們要先把餅做大，再來談如何分餅。不講造餅，只談分餅，只會在歷史留下悲劇與笑料。

寫到這裡，我想到美國總統本傑明．富蘭克林講過的一句話：「放棄基本的自由以換取苟安的人，終歸失去自由，也得不到安全。」[77]

77 Those who give up essential liberty to purchase a little temporary safety，deserve neither liberty nor safety. https://www.npr.org/2015/03/02/390245038/ben-franklins-famous-liberty-safety-quote-lost-its-context-in-21st-century

第六章

資本主義在未來社會的意義

人類科技日新月異，曾幾何時我們還在驚嘆大數據可以如何幫助我們發現商業洞見和預測未來，如今人類創造出來的人工智慧（Artificial Intelligence）擁有超級的運算能力，已經能戰勝人類一級圍棋棋手。直到二〇二三年，ChatGPT3.0 面世，它可以寫詩、畫畫，向人類提供創作靈感。ChatGPT 的存在直接告訴人類，我們的人工智慧不僅僅能整理和運算大量已有訊息，甚至已經能無中生有，擁有創造力。

在二十世紀，當米塞斯、海耶克、凱恩斯等經濟學家在思考計劃經濟和共產主義是否可行時，如何收集社會中的所有訊息從而做判斷與預測，往往是這些經濟學者們的主要焦點。而主流經濟學基本上也一致認為，以人類的能力根本無法收集足夠的社會訊息來控制經濟。即使未來科技有可能強大到能提供社會市場一切的數據，它也不可能預測到每一個人的偏好，更無法只靠科技和公權力從上而下進行創新[78]。

但我相信連他們作夢都沒有想到，人類科技會在短短的一百年內獲得如此快的發展。很多人就在想像，如果人工智慧可以清楚知道每個人的行動，也能進行準確

78 Hayek, Friedrich. *The Fatal Conceit: The Errors of Socialism*, (University of Chicago Press, Chicago, 1988).

預測，並可以創新推進經濟社會進步，那計劃經濟和共產主義在不久後可以實現了嗎？

關於計劃經濟可行性的傳統觀點

在馬克思眼中，什麼自由市場、價格機制、私有產權和貨幣等都是經濟動盪的根源，而這些制度到最終都會隨著資本主義一起滅亡[79]。馬克思有在其著作中暗示著，把資本主義取而代之的，將會是社會菁英所組織起來的行政機關，通過公權力來計劃和執行經濟活動。根據我的理解，馬克思想實現的是，當市場要生產什麼不是由每一個個體來判斷，而是由政府來決定執行時，就不會有過度生產與浪費。同樣，如果商品的價格也是由公權力一口說了算，而不是由商家來自由決定的話，也就不會有經濟危機，也不需要市場自我調節。如此的計劃經濟社會會更穩定，也更接近社會公平正義。

79 Kishtainy, Niall. *A Little History of Economics*（*Little Histories*），（Yale University Press, New Haven, 2017）p.79

馬克思對資本主義的批評並非毫無道理。相反，在十九世紀那個收入分配極度不均的歷史背景下，他提出的批判事實上也推進了自由市場制度的自我反省與改進。但馬克思提出利用公權力來代替市場進行生產與分配的想法，卻往往受後人口誅筆伐。即使我們先不討論把計劃經濟變成現實後，是否就真的能夠實現公平正義，像海耶克的學者就認為，讓公權力掌握和活用市場中所有的訊息是天馬行空，根本無法變成現實。

計劃經濟注定遇上訊息不足的問題

海耶克提出所有主張計劃經濟並嘗試把這個制度變為現實的人，無一例外都會遇到知識問題（Knowledge Problem）[80]。他想說的是，即使人類在未來有能力收集社會中所有人的行動資訊和數據，公權力也無法像馬克思所希望那樣，來代替市場決定我們應該如何生產和消費。其主要原因就是因為許多市場行為所需的知識，是

80 Lavoie, Don. National Economic Planning: What Is Left?（Mercatus Center at George Mason University, Arlington, 2016）p.86

無法用具體數據甚至是語言來表述的，這也就是所謂的知識問題。

假設有一位小販想在台北的夜市開一家小吃店，他可以選擇不同的菜式，可以是大腸麵線，也可以是牛肉麵或鹹粥，這就要看夜市中到底是否有同類的餐廳和逛夜市顧客的構成。同時，老闆可能還要調整一下味道，南部人愛吃甜，北部人卻不然，要準確調整才能獲得更好的生意機會。在海耶克看來，這些關鍵的商業決定，老闆是無法通過看數據或邏輯思考可以做出來的，他把這些知識稱為隱性知識（Tacit Knowledge）[81]。

商人必須要長期深耕在某個產業或市場，方能獲得如何能成功的洞見和隱形知識。這種隱形知識非常抽象，只能意會，很難言傳，固然也很難反映在數據上。這些商業的洞見和知識，也非常依賴市場的重複運作來獲得。老闆也許要自己開過牛肉麵店並獲得食客的回饋後，方能意識到這個夜市的人不大喜歡牛肉麵，或者其實自己做的食物並不好吃，所以必須轉型。

81 隱形知識。https://www.indeed.com/career-advice/career-development/tacit-knowledge-example

要通過公權力和數據，進行預測並馬上獲得正確的結論，在海耶克看來並不可能。每一家小吃種類的銷售和盈利數據也許能簡單獲得，但要如何調整食物味道的技巧，也許只有老闆自己去理解和體會了。就好比老子所說，道可道，非常道。那些只能意會，不可言傳的道理，只能由市場自己掌握。

其實，歷史中真正實現過計劃經濟的國家，那些負責經濟事項的社會菁英們也都有遇到過知識問題，但無一例外他們都是選擇「瞎猜」或完成上層的「政治任務」，而不是令市場生產出了人們真正所需的產品。一個身處辦公室閉門造車的官僚，根本無法知道遠在邊疆的農民到底需要什麼，之後根據粗糙的數學模型來預測需求從而進行生產，如此僵硬地執行計劃經濟，貧窮、匱乏甚至是饑荒的發生就不奇怪了。

對於知識問題，海耶克有一句名言，「除了市場之外，沒有人會知道明年市場需要多少雙白襪子[82]。」

82 Hayek, Friedrich. Road to Serfdom, (University of Chicago Press, Chicago, 1989).

科技發展和人工智慧可實現計劃經濟？

近年人類科技突飛猛進，令許多人重新點燃了本來近乎壽終正寢的計劃經濟和共產主義理想。前文解釋了市場訊息要分為數據和知識，對於政府來講數據也許易得，但商業知識非常難求。但人類的科技技術發展，特別是人工智慧技術（Artificial Intelligence）似乎在暗示我們在不久的將來，AI 可以代替人類獲得更好的商業知識和洞見。換言之，與其把經濟活動的決定權交給市場的每一個個體，還不如讓人工智慧來決定，來得更有效率。

大數據（Big Data）技術的興起告訴我們，人類有可能獲得並處理大量不同格式的數據。理論上，只要硬體條件允許，市場中所有的商業行為數據都能被收集和讀取。之前我們無法對未來的市場需求進行預測，但有了大數據我們也許就有可能知道明年市場的消費者到底需要怎樣和多少的產品了。但大數據也只是利用歷史數據來進行預測，無法解決社會要進步和創新的問題。假設在二〇〇七年 iPhone 投入市場前，我們已經有了大數據技術。我相信大數據依然會覺得 Nokia 的營業在之後的數年依然會增長，不可能想到蘋果公司的創新，能做出智慧型手機，令 Nokia 的市占率大幅下降。

AI 有能力解決知識問題

但 AI 的迅速發展又改變了人們對科技的認知。二〇二三年，ChatGPT 問世，它強大的運算和語言處理能力震驚了世界。在我看來 AI 技術和之前的大數據技術最大的不同有兩點。第一，AI 有自我的學習能力。大數據的運算全部是根據人類「餵食」的數據來進行，從而進行預測。但 AI 除了會運算被「餵食」的數據外，它還會根據之前運算的結果進行學習，從而下次能做的更好。換言之，即使人類自己本身的發展遇到瓶頸無法進步突破，只要 AI 自己一直不停運行，它就會越變越強[83]。

第二，和大數據不一樣，我們從 ChatGPT 不難發現現在的 AI 是有創造力的[84]。我們可以隨便和 AI 聊天，即使我們問的問題是前任從來沒有問過甚至是天馬

83 人工智慧的機械學習。https://www.techtarget.com/searchenterpriseai/definition/machine-learning-ML
84 ChatGPT 能做什麼？https://uca.edu/cetal/chat-gpt/

行空的問題，ChatGPT 都可以對答如流。我們也可以給予 AI 很小量的訊息，讓 AI 進行寫信，畫圖甚至是寫小說的工作。從我們給予 AI 的少量訊息中，ChatGPT 自然就能根據語境，自己「添油加醋」完成一件自己創作的作品。

我在這裡並不是想為現代技術做宣傳，但我相信讀者看到這些科技的發展，我們難免不去想像，我們現在已經習慣的資本主義經濟，將來會走向何方。海耶克對於計劃經濟所提出的知識問題的批判，我們有理由懷疑也許在不久的將來，真的能被未來科技所解決。那一些難以被人用語言所理解，或者不能簡單被規矩做定義的商業洞見與知識，AI 也許都能掌握到。與其讓老闆自己親身去感受和體驗到底在夜市應該怎樣開始創業，還不如問 AI 比較快。搞不好 AI 花幾秒鐘時間就能告訴你應該賣怎樣的料理和如何地調味才能吸引顧客。

一些正常人也需要花數年才能在市場上感知到的，那些很難明說，無法用語言告知別人的商業知識，也許 AI 都能掌握。另外，海耶克對於計劃經濟的批判，人類的經濟進步和財富創造，需要市場中每一個個體的互相的良性競爭才能產生，在有 AI 的未來，要打破這個看似牢不可破的定律並非不可能。

正如前文所述，現在的人工智慧已經可以不斷自我學習和自我強化，在未來一定會擁有比現代更加強大的創造力。如果高端 AI 技術能出現於 iPhone 面世的二〇〇七年之前，也許人工智慧真的能提議把上網、看影片、聽音樂、觸摸屏等功能加入到 Nokia 手機之中，這樣 Nokia 也許就能早於蘋果造出智慧型手機，也就不會淪落到市占率斷崖下跌的田地了。

海耶克說政府的官僚根本無法掌握市場裡每一個人的需求，也沒有辦法在缺少互相競爭的前提下，給予人誘因去努力工作進步，所以經濟需要自由市場，而計劃經濟也絕不可行。但 AI 技術的出現動搖了以上理論。如果閉門造車的官僚真的能在自己的小房間裡面，通過人工智慧，知道夜市需要怎樣的餐廳，人們明年需要多少雙白襪子，和能在 Nokia 時代知道市場需要智慧型手機，也許自由才是發展經濟唯一方法的定律就要被打破了。

如果 AI 能比市場更有效率地掌握並表述那些道可道，非常道的商業知識，政府也許就不再需要自由市場的幫忙來實現經濟發展了。換言之，政府不需要牛肉麵老闆的知識來開牛肉麵店，也不再需要蘋果的創新力來造出智慧型手機，只需要通過人工智慧讓國營企業來執行便可。

只要人文價值不倒，未來社會也還需要資本主義

要知道資本主義未來到底會走怎樣的道路，我們也許更應該從人類的經濟與社會發展趨勢下手。在我看來，有兩點經濟的趨勢在未來大概率會發生。第一，我們的經濟系統會越來越複雜，所以也更難被控制。也就是說，隨著經濟不斷發展，人們需要的商品與服務種類會變多，隨之而來的就是會出現更多的工作多樣性，而人與人之間的協作方式也會變得多模多樣。

直到一百年前，中國主流依然還是小農社會，每一個人都為了食物而在耕田，他們很難想像在一百年後竟然有工作是在富士康工廠裡把 iPhone 放到紙盒裡面，或者在亞馬遜每天看數據想著如何才能提高網頁點擊率。當經濟系統變得越來越複雜時，這也代表要控制它越來越難。

蘇聯的時代，政府嚴格執行計劃經濟。為了盡可能地控制國家經濟，蘇聯政府

盡了最大的努力把經濟活動簡化。奶油就是奶油，只有一種；肥皂就是肥皂，也只有一種。因為只有這種辦法方能指定生產計劃，實現指令式經濟。即便是如此簡化的經濟系統，在計劃經濟下蘇聯依然是長年物資短缺。即使在西方資本主義社會，我也沒有看到前人嘗試控制複雜的經濟系統的努力有多成功。

二十世紀多次的經濟危機和各國搖擺不定的貨幣政策，似乎都在告訴我們人類知道得太少，要控制複雜的系統不大現實。固然人類科技和人工智慧日新月異，但同時經濟系統也在指數式地變複雜，我們很難說定未來AI就能代替市場和控制經濟。

第二，比第一點更重要的是，人類的價值依然會是社會發展的意義所在，也就是說人文主義和普世價值依然是主流。而這與AI代替自由市場，與實現人工智慧式的指令經濟是不兼容的。我們必須理解推進經濟進步前進的馬達並不是什麼貨幣或GDP，而是人心。又或者說是人類希望追求物質，幸福和意義的欲望。因為人類有這些欲望，才會有市場裡面互相交易的經濟活動。

要控制經濟，換句話講其實就是要控制人心。我不知道未來的人工智慧是否有能力洞察人性並進行預測，但據我所知，AI要通過人的行為去瞭解人的情緒和所思所想非常困難，在短期內也很難實現。其實這個也很好理解，我也有發現自己的心情是一陣一陣的，有時候因某事心情不好，但下一瞬間只因想到某件事情或聽到某段音樂而變好。即使是每天在自己身邊的枕邊人，又有多少人有信心能把握對方在想什麼呢？

看起來，人類是一種很會掩飾自己內心的動物。擴大到經濟層面，股票下跌是否會引起群眾恐慌，對出新的產品是否會被消費者來接受，這些都是無數個不可預測的個體心情所組成的現象，很懷疑AI是否真的能準確預測。

科技代替資本主義不符合人文價值

退萬步言，即使人工智慧真的有強大到能代替市場機制，而政府或公權力只需要通過AI就能創造一個美好社會的話，在我看來這也是不符合人文道德和普世價值的。科技和經濟有本質上的差別。科技是由一群聰明的人所想出來，其難度並非一般老百姓所能理解，其運作也是由社會精英所控制；但經濟卻不然，它的運作本質是由社會大眾的每一個人來將決定。社會中有五花八樣的人，他們性格、價值觀、偏好等都不一樣，但他們在市場中依然需要互相尊重，互相為大家提供價值方能創建一個社會。因此，政府通過 AI 實現經濟發展和社會道德，從而取代資本主義制度的想法，其實是中心化和去中心化之別，更是權力集中和權力分散之別。

資本主義和自由市場本質上代表的是去中心化和權力分散。經濟往哪一個方向發展，應該生產怎樣的商品，應該向大眾提供怎樣的服務，這些決定在資本主義制度裡面都是由每一個個體通過市場行為來決定；換一個說法就是，沒有一個單獨的人能控制。政府也許能對大方向進行影響，但做出最終決定的，是每一個個人。

相反，在未來，能理解、設計、控制人工智慧的，我相信永遠是社會的少數菁英。通過 AI 來控制經濟活動非常有可能對我們的民主制度產生負面影響。雖然，公權力非常有可能懷著一份好的初心，希望通過更有效率的 AI 來實現美好的社會，但人工智慧由少數人來掌控的本質，就注定了它有權力集中的傾向。

歷史告訴我們，人是有權力欲的，當有人能通過絕對權力獲得利益時，我們就無法保證權力不被濫用了。當我們放棄了資本主義制度，放棄了對經濟的決定權，一旦權力集中而我們想要拿回來時，往往就已經太晚了。所以我認為，即使在未來社會，我們資本主義不會被取締，也不應該被取締。

伊藤穰一（Joi Ito）在其著作《爆裂》（*Whiplash*）[85]中就主張，面對未知和經濟協作越來越複雜的未來，經濟的發展會越來越靠市場的湧現（Emergence），而不是中央控制與權威（Authority）。湧現的原意指的就是，當一些本來單獨並互相獨立的事物，一旦聚集在一起後，作為一個整體其水平會高了一個檔次。湧現用老話講有點像：「三個臭皮匠，勝過諸葛亮。」一家大公司中的每一個人也許都很平凡，但當他們能夠聚在一起工作並互相交換意見時，也許就能組合出像亞馬遜（Amazon）或蘋果（Apple）等能改變世人生活的企業。

當我們把這個邏輯推到市場和社會層面時，相信讀者就會發現湧現現象與亞當·史密斯所說的「看不見的手」非常相似。市場中每一個人也許都在做相對簡單的工作，都沒有意識到自己的工作有多大貢獻。但當每一個人都埋頭苦幹時，不知不覺間社會作為整體卻會創造出燦爛的人類文明。特別是當經濟協作越複雜，就越不可

85 Ito, Joi. Whiplash: *How to Survive Our Faster Future*（Grand Central Publishing, New York, 2016）p.37

能通過自上而下式的權威來實現增長。相反，給予社會中每一個個體自由，自下而上地來發展經濟是唯一的方法。在伊藤穰一看來，湧現並不僅僅是一加一大於二，而是能創造出一個前所未有更加複雜的社會。

湧現並不是一個現代新發明，市場機制就是一個湧現的現象，與現代資本主義的發展如影隨形。但隨著經濟系統在未來變得越來越複雜，湧現也會變得越來越重要。湧現和自由市場一樣，其核心都是認為個體或個人才是經濟發展的源泉，要給予個體自由，讓他們自由競爭與協作才能實現進步與創新。湧現需要個體間互相進行訊息交流和大眾溝通（Mass Communication）[86]，人們必須有自由的環境和自身利益的誘因才會一起合作無間。換言之，如果湧現和人文價值在未來人類經濟依然是主流發展模式的話，那自由市場就不會被取締，我們依舊需要資本主義制度。

把經濟運作交給科技來管理，本質上就是把大眾的權力交給社會少數人。在我看來，這對人文社會發展並非好事。

86 同前。

結論

人文價值和資本主義制度都很脆弱

在最近的兩百年，資本主義制度在現代社會中浮浮沉沉，自由市場的觀念多次被主流社會批判與否定，卻又一次次被正名和肯定，政府重視富國強兵，認為國家應該通過貿易存儲重金屬，國家的強大是經濟發展唯一目的。而同時，民間不應該與國家爭利，財富應該集中在社會上層，民間經濟發展也因此被限制。到十八世紀後現代資本主義之父亞當．史密斯提出，我們應該開放民間市場自由交易，並建立法治系統，方能刺激經濟發展，令民間累積起財富。某個程度上來講，亞當．史密斯主張把政府和民間的經濟角色給反過來。他覺得民富比國富重要，因此發展經濟應該交給民間市場，而政府應該退居二線。

資本主義和自由市場固然能創造巨大的財富，但此制度所產生如貧富差距的副作用；另像馬克思等的學者，提出計劃經濟，來代替資本主義。計劃經濟曾風靡一時，中國、蘇聯、北韓、古巴等共產主義國家就直接採用此制度。在二十世紀絕大部分時間，許多資本主義國家雖然沒有導入計劃經濟，但此制度的也對當時的自由市場經濟也帶來巨大的影響。特別是在二十世紀三〇年代全球金融危機後，越來越多人批判資本主義中不穩定的特性，主張即使不直接採用計劃經濟，公權力也應該對市場進行干預和管制，防止經濟危機再發生。

自由市場可以被調控干預的想法，直到一九七〇年代都是西方資本主義國家的主流。但七〇年代的全球石油危機和滯脹，令各國束手無策，才讓自由市場自我調節的力量被重新重視。從八〇年代起，由美國總統隆納・雷根（Ronald Reagon）所主張的供給側改革，和英國首相柴契爾夫人（Margaret Thatcher）的經濟自由化[87]，令人們重新注意到自由市場不被干預時的力量。與此同時，共產中國的改革開放，蘇聯的倒臺，東歐的經濟自由化都在八〇年代蓬勃發展。自由市場和資本主義成為了全球主流，也帶來之後的全球化和財富大爆發。

但當所有人都以為人類已經找到最好的經濟制度的時候，二〇〇八年的全球經濟危機的發生，歷史彷彿又把時間拉回到一九三〇年代。面對這次金融危機，美國總統歐巴馬（Barack Obama）非常果斷地出手救市，出台紓困政策救助奄奄一息的投資銀行。同為經濟大國的中國，面對經濟危機也出台了「四萬億救市計劃」，

87 Wapshott, Nicolas. *Ronald Reagon and Margaret Thatcher: A Political Marriage*（Sentinel, New York, 2007）

通過貨幣政策來刺激經濟。曾經我們所相信，面對危機自由市場能自我調節的信念，彷彿瞬間被拋於腦後。蘇軾曾說大勇者要「卒然臨之而不驚」，很顯然面對二〇〇八年經濟危機，各國經濟政策的為政者都有點驚慌失措。

資本主義制度的核心是尊重個人自由，允許人性利己，有利公平競爭並擁有私有財產。這看起來十分符合人性和普世價值。但從以上二〇〇八年各國經濟危機的對應，我們可以看出，資本主義制度是非常脆弱的。作為現代文明的一重要組成部分，我們現在所擁有的自由市場制度並非天經地義，資本主義在未來退步和消失都不是不可想像的事情。縱觀人類歷史，我們的文明在最近五千年並非一帆風順，文明退步的情況屢見不鮮。

從思想奔放的古希臘和飛閣流丹的古羅馬，到宗教暗無天日的中世紀如是。從百花爭鳴的春秋戰國，到罷黜百家的秦漢如是。從哲學家到音樂家輩出的德國，到獨裁的納粹如是。從呼籲德賽兩位先生的五四運動，到專制且個人崇拜的中國如是。以上例子都可以在短短的數十年內發生，之前文明所留下來的燦爛之後都灰飛煙滅。資本主義制度也是同理，它是我們現代文明的標誌，因此就需要我們通過宣傳和教育，向大眾進行傳播與呼籲，方能讓現代社會繼續在繁榮且彰顯人文價值的方向發展下去。

我認為資本主義很脆弱的原因主要有二。第一，資本主義和自由市場主張的是，市場中每一個人在多次博弈下，誠實地為他人創造價值才能換取長期最大的利益。但問題在於追求長期利益並非符合每一個人的本性，一般來講只有在穩定樂觀的經濟環境之下，人們才願意放棄短期利益最大化，從而誠實地追求長期更大的利益。一旦經濟蕭條，人們對生活和景氣沒有信心，也許對於越來越多人來講，短視地對他人招搖撞騙賺一大筆是更理智的選擇。反正明天會怎樣也沒人知道。另一個要讓人誠實追求長期利潤的條件是健全的法治體制。一旦司法退步，人們覺得不公平，這樣也會消磨人們之間的信任感，從而放棄追求長期利潤或退出市場。二〇二〇年代的香港就是一個很好的例子。

第二點，在我看來政治利益與資本主義也有利益矛盾之處。首先，在自由市場中每一個個體可以決定自己如何生產和為他人提供價值，從而與其他商家進行競爭。這本質上把在社會運作權力分散到民間。這對於民選政府來說，都有可能是不舒服的。市場自由競爭就代表政府不能控制，也代表社會往什麼方向發展是無法預測。這對想贏得下次選舉的民主政府來講是挑戰，就勿論專制政府了。因此，我不懷疑公權力永遠有想干預自由市場的衝動。

再說對於政府來講，社會穩定是最重要的。一旦經濟景氣不好，民怨開始沸騰，政府就會有衝動想救市。表面上，政府的紓困政策是為了國民好，盡力避免讓老百姓受到危機的衝擊。但很多時候政府的介入會破壞原有的市場機制，輕則動用納稅人的錢來挽救效率不佳的企業，打擊市場信心。重則就是亂印發鈔票，造成通貨膨脹和債臺高築，令經濟問題更加嚴重。

歷史多次證明，短期來講政府紓困也許能減少經濟危機的衝擊，但長期看起來危害無窮。因此我們不可以任由公權力擁有太多權力來干預經濟，一旦出現相對獨裁與專制的政府，這樣對資本主義制度來講有破壞性。

但在現代社會中，資本主義制度的存在不僅僅是為了賺錢和累積財富。現代社會發展的最終目標應該是追求一個更能彰顯人文主義的社會。如果有人把推崇資本主義視為把賺錢作為社會發展目標的話，我就只能說他看的太表面了。資本主義制度無論是在社會整體，還是個人層面都有推動人文價值的意義。從社會層面來說，人類的同理心適用於與自己親近的人，遇到陌生人的話我們難以建立信任，無法進行經濟活動。然而有了資本主義制度，與陌生人協作會帶來巨大的利益，更何況有了公平的法治制度，人們也不會擔心自己被騙。結果就是，要獲得利潤就必須為他人創造價值。

資本主義裡面有利己心和利潤作為與陌生人打交道的基礎，社會也會變得更有道德和人情味。在個人層面，資本主義給予人們可以自由決定如何生產和生活的權利，什麼該做什麼不該做，完全由自由市場說了算。另外人們也可以在資本主義制度裡面公平地競爭，競爭力只看產品和服務的價格和品質，不會因為你是誰而獲得特殊待遇。

資本主義的存在令現代社會獲得更多的自由和可能性，人們可以自由地選擇去創造什麼，購買什麼，追求怎樣的價值和過怎樣的人生。不會再有國王、獨裁者或宗教領袖，來告訴人們應該如何生活。

固然資本主義並非一套完美並能解決所有問題的制度，十九世紀馬克思對資本主義的批評也不是毫無道理。的確，放任資本主義所帶來的收入不均和社會兩極分化的確是一個嚴重問題，但面對平等主義的挑戰，資本主義制度本身也有不斷地進化完善自己。

收入再分配就是一個很好的例子。政府通過稅收來保證國民最低的生活水準，以至於馬克思時代的社會悲劇不在出現。北歐實行的資本主義制度也是一個很好的例子[88]。另外許多資本主義國家也會在制度上進行調整，保證每一個人都能公平地競爭，有一樣的機會獲得就業、入學、社會資源等。這種機會平等盡量不會因為人的種族，性別或出身等運氣成分所左右。

但我們必須接受，無論是機會上還是結果上，要實現平等是困難的，甚至是近乎不可能的。結果平等在歷史上已被證明不可能被實現，在共產主義國家通過計劃經濟來實現絕對結果平等的悲劇便能證明，無需討論。但即使是機會平等，在我看來也是無法完美實現的。

無論我們多麼努力把競爭起跑線設計得對所有人一樣，或者努力把與運氣所相

88 北歐模式（The Nordic Model）。https://www.investopedia.com/articles/investing/100714/nordic-model-pros-and-cons.asp

關的元素（如種族、性別或出身）全去掉，這也並不代表每個人就能完全平等。其關鍵是每個人的差異性實在太大，有人聰明有人笨，有人努力有人懶惰，有人喜歡藝術有人喜歡賺錢。面對這樣複雜與多元的社會，來勉強地追求機會平等，這樣不也是不平等的表現嗎？

在我看來，我們應該追求的並不是平等而是正義。無論是人類社會還是大自然，我們都有發現大多數的創造與進步，都是由少部分的人和物貢獻出來的（帕雷托法則，Pareto Principle[89]）。國家經濟活動如是，企業管理如是。這也是為什麼社會大多數的財富，控制在少數人的手中。有人也許會因此認為這是不平等，也會用此作為理由對資本主義進行妖魔化。

但在我看來這只是自然定律，正因為每個人的能力、創造力和努力都不一樣，與其我們去問資本主義制度是否公平，更合適的問題是資本主義的分配是否正義。比如，一個人獲得了比另外一個人更多的收入和財富，我們該注意的是他是否有犯

89 帕雷托法則。https://web.archive.org/web/20170906182706/http://www.nytimes.com/2008/03/03/business/03juran.html

法並巧取豪奪，或獲得了特權而沒有公平與他人競爭等。如果一個人因他自己的才華與努力，在沒有違反法律或道德的前提下，獲得更高的收入，這難道不是也是一種公平的表現嗎？

最後，我相信資本主義是普世的，不會因為意識形態或文化有所定義不同。經濟學的核心是人性，而資本主義這一套運行規則是最符合人類常識和人性的制度。無論是哪一個國家的人，無論是男是女，我們都有利己的傾向，我們都嚮往自由和平等，不會因為我們本身的文化背景而改變。而資本主義制度恰恰是能滿足我們人性需求的同時又能讓人們互相為大家創造價值的制度。

英國前首相丘吉爾（Winston Churchill）有一句名言形容民主制度：「民主並不是最好的制度，但是最不壞的制度」[90]。我認為這句話套在資本主義制度同樣適

90 在這個充滿罪惡和麻煩的世界上，人們已經試過，並且還將嘗試多種形式的政體。並沒有人非要說民主是最完美最無瑕的，到是有人說民主是最糟糕的政體，要不是我們見識了那麼多其他形式的政體，恐怕還真要信了。"Many forms of Government have been tried, and will be tried in this world of sin and woe. No one pretends that democracy is perfect or all-wise. Indeed it has been said that democracy is the worst form of Government except for all those other forms that have been tried from time to time..."

用。想想近兩百年自由市場經濟發展的浮浮沉沉，想想人類對自己的理性的自信所設計出的經濟災難，我希望未來的我們能從歷史中汲取教訓，不會再犯歷史中曾犯過的錯誤。

附錄

經濟學雜想

附錄一

學經濟學有什麼用？

對於大眾讀者來講，瞭解經濟學到底有什麼用？經濟與市場的運作每一天都發生在我們身邊，我們知道它的存在，但我們看不見也摸不著。對我來講，經濟學是一種思維方式，它改變了我看待社會與世界的方式。但它不是硬實力（Hard Skills）不能保證我馬上升職賺錢。

有人說經濟學是一門關於錢的學問，學習經濟學會讓你發財。這種看法對經濟學來講真是一種抬舉，更是一個天大誤解。經濟學關注的更多是人性，觀察人們如何做決定從而瞭解社會運作。所謂金錢只是經濟學的表象，不外乎只是人類行為的衡量單位而已。相反，經濟學界中有一個笑話，股票市場中輸得最慘的散戶往往是經濟學教授。

比起親身掏錢下場投資每分鐘幾十萬上下的動態股票市場，經濟學家也許更擅長分析靜態的圖表和模型。有人說瞭解經濟學能獲得談資，能與人進行高水平的對話。但請相信我，我自己極少見過有人在茶餘飯後或社交場所討論經濟學理論。相反想要獲得談資，我建議您去看一些像三國波瀾壯闊的故事，或記住張愛玲愛情小說中的浪漫情節，在社交場合中展示話題的機會也許會更大。

許多人一想到經濟學，特別是宏觀經濟學，就會想到什麼宏觀調控，通膨通縮，生產力帶動 GDP 增長云云。對於為政者或某國中央銀行行長來講，他們的工作之一就是左右國家的經濟發展方向。對於他們來說，瞭解這些經濟學理論當然是必須的。但相反，對於社會中絕大部分的老百姓一輩子都不會去從政管理國家，也許我們必須承認學習經濟並不會為我們帶來立即的實際利益。

在那次與編輯交談後，我對經濟學的用處沉思了一段時間。雖然經濟學不會帶來立竿見影的具體用處，但筆者依然認為經濟學是大用之學。首先，擁有經濟學思維也許能改變你對這個身邊社會運作的認知。換言之，你可能會因為瞭解經濟學而變得聰明，看事情也會比別人看深一層。當發生颱風時，蔬菜肉類會瘋狂漲價，當大眾在責罵菜販無良時，你可能就會想到因天災蔬菜失收，供應變少，菜販必須用高價從農民入貨，價格才因此變貴，而並非菜販無良。

當近年中國大陸的國民生產總值（GDP）大幅度增長，而大眾也為其經濟實力而感到驚嘆時，瞭解經濟學的你也許會注意到中國 GDP 裡面政府投資比例相對比其他國家都高，換言之高 GDP 增長與民間財富並無直接關係。更何況中國大陸債臺高築，用未來的財富換 GDP 其實很有風險。相反，日本宣稱自己常年經濟成長低迷並經歷了失去的二十年，但事實上日本藏富於民，九〇年代初的經濟危機對基礎民生打擊不大。

當主流大眾都把現金貨幣視為財富的同時，懂貨幣學的你會認知到一張貨幣與紙張無異，是國家主權為其擔保才有了價值。所以當國家經濟面臨蕭條時，國家央行可以選擇增大貨幣發行量（印鈔票）來刺激貨幣流通。但貨幣變多並不代表國家更富有，市場商品數與生產力也沒有因為貨幣量變大而變多。

換言之，對於大眾來講貨幣就是財富，而對於國家央行來講貨幣只是計量單位。當許多人都認為非洲貧窮是因為天然資源不足，或國民教育水平底下的時候，你也許也會意識到更加大的問題在那些貧窮非洲國家的經濟制度。因為那些國家沒有公平公正的司法制度，所以也無法保證私人財產安全不受侵犯，因此，老百姓也不敢貿然進行生產、交易與投資。

這也解釋了為何日本即使缺少天然資源，卻是世界經濟頭號強國。當社會大眾中絕大部分的人都從身邊的人際關係與直覺來理解社會時，經濟學思維幫助我們從數字和邏輯來瞭解世界，這往往會帶給我們新的認知和洞察。

瞭解經濟學的第二個好處是可以訓練讀者自己對是非善惡的判斷。許多人認為經濟學是一門科學，或至少是一門相對客觀的社會科學。但在我看來剛好相反，經濟學其實更像歷史學，有需要讀者主觀判斷的部分。例如，在經濟運行中所要追求的平等到底是每個人賺錢一樣多（結果平等），還是多勞者也應該獲得更多（機會平等）？

當自由與平等發生衝突時，我們是應該優先考慮自由？還是平等？當經濟出現危機時，在明知救市政策對經濟長期發展不利時，政府是否應該飲鴆止渴從而出手救市？這些道德難題是到今日依然是經濟學主要思考課題之一。另外更有趣的是，與許多人想的不一樣，對於許多經濟學觀念，（如市場失靈、國營企業、救市政策、大小政府、貨幣政策等）主流學界其實並無共識。有些課題甚至已經討論了近上百年。

另外，對於經濟學的觀點，學者們的意見也並非涇渭分明。許多人喜歡籠統地把經濟學觀點分為左右兩派。但事實是經濟學的觀點五花八門，更像我們平時所熟悉的政治光譜。瞭解經濟學的討論，也能幫助我們去訓練自己分辨是非黑白與平衡道德利弊的能力。

到最後我認為對大眾讀者來講，經濟學之最大用處還是陶冶性情，能帶給我們幸福的感覺。有人會說也許無知是幸福的（Ignorance is bliss），知道越多或越瞭解社會的運作，同時也會帶來更多的問題與煩惱。相反，也許無知無憂無慮地生活會帶給我們更多的幸福感。當我們學習更多和瞭解更多，之前我們習以為常覺得絕對正確的觀念與信念被顛覆，對於那些人來講這才是痛苦的泉源。

這就像蘇格拉底所說：「這個世界上有兩種人，一種是快樂的豬，一種是痛苦的人」。我相信看到封面而會有興趣翻開本書的讀者，絕不會認同人生應該當快樂的豬，也不會認同蒙昧無知的就是幸福的狀態。每當我們打開上網看到關於經濟的新聞的時候，往往會看到許多專業術語，令我們不知所云。

事實上，閱讀與理解經濟學並不困難，只有多練習多思考。要理解經濟雜誌或報紙上的內容並不困難。我理解要從雜亂無序的知識找出規律，必須經歷一段痛苦的掙扎。對於這種不適和痛苦的感覺，蘇格拉底曾如此描述：「人們在追求知識時所感到的不悅，就好像女性在分娩之前的陣痛。代表的就是新的知識或認知的誕生」。

人生也許就是不斷分娩陣痛的過程，而同時滿足自己的好奇心就是獲得幸福的祕訣，這也許就是學習經濟學帶給我最大的用處吧。

附錄二

現代經濟學從何而來：從古典到新古典

資本主義的構想起源於蘇格蘭，而著有《國富論》的現代經濟學之父亞當・史密斯也是蘇格蘭人。蘇格蘭雖然身處歐洲，但它的具體位置卻在遠離歐陸的大不列顛島的最北邊。蘇格蘭的地理位置，就好比在蘇格蘭哲學家們在啟蒙運動中所扮演的角色。一方面，蘇格蘭也深受歐陸啟蒙主義的影響，但另一方面，蘇格蘭人對理性的態度也和歐陸主流大相徑庭，主張不應讓理性凌駕生活。

歐陸主流的啟蒙運動思想主張通過簡單純粹並可以用數學表述四海皆準的定律，並通過因果關係，邏輯和演繹法推導出世間萬物的真理。所以真理在抽象的世界中，只要通過邏輯理性，我們可以無限靠近甚至獲得真理。

像休謨一樣的蘇格蘭系思想家卻認為，人類通過簡潔的底層規則，用邏輯進行演繹，並推理出真理這個行為並不實際。在蘇格蘭啟蒙主義看起來，所有的所謂因果邏輯關係其實都是經驗歸納。也就是說水被加熱到一百度這個貌似自然真理的現象，在他們看來其實就是我們觀察了無數次水加熱的實驗，發現到一百度時水會蒸發而已。

理論上，我們有可能在下一次觀察水被加熱到一百度時不會蒸發，這樣這個真理就會被推翻。所以一但要把這個道理套在別的現象時，我們必須再從生活中去做實驗。換言之，人類所謂的邏輯理性演繹並不絕對可信。蘇格蘭啟蒙主義者主張，要尋找真理就要從生活開始，通過觀察和順應身邊的環境，升級自己的認知。而不是像當時主流的啟蒙科學家一樣，把自己關在房子裡，在腦袋中用理性去演繹和想像真理是什麼樣子的。

有經濟學聖經之稱的《國富論》在一七七六年成書於蘇格蘭，其內容也充滿了蘇格蘭啟蒙主義的味道。有現代資本主義之父之稱的亞當·史密斯就認為，發展國家經濟的要領就在於給不應控制市場，給社會大眾鬆綁。在十八世紀的歐洲，是一個各國主張中央集權和富國強兵的年代（如路易十四等法國波旁王朝等）。

經濟發展思想主流也認為國家應該多出口少進口從而賺取黃金（重商主義），並且經濟應該由社會上層主導，限制個人創新與發展經濟。對於既得利益者來講應該是不錯的制度吧。但亞當．史密斯卻反其道，主張政府應該取消所有限制進出口交易的政策或任何人的經濟特權。他認為市場是由一個個獨立的個體或企業來組成，給予個體自由並讓他們自主觀察社會並決定應該生產什麼服務產品，是發展經濟最好的辦法。

市場由許多人組成且複雜難懂，公家機關或政府不可能比市場中的個體更清楚市場需要什麼樣的產品服務，所以也不應該去干預市場。亞當．史密斯主張，給予每一個個體自由去交易生產不僅能保證每一個人能獲得最大的利益，同時社會整體也會因此進步。

亞當．史密斯說市場機制就像一隻看不見的手，市場中每一個人只需要為了自己的利益而努力，而那隻看不見的手自然就會調節令社會整體經濟向前發展，不會產生亂象。但有一個前提是政府必須保證私有財產和公平的司法制度，這樣才能讓市場放心地追求財富，不用擔心自己賺的錢會被物理剝奪。在亞當・史密斯看來，市場機制（＝看不見的手）是同時實現經濟蓬勃、公平正義與社會秩序最好的方法。

亞當・史密斯改變了人們的經濟思想，也改變了為政者應該如何管理國家經濟的觀念。而這個轉變對於當時歐洲乃至全世界的影響都是巨大且深遠的。《國富論》成書於十八世紀末，隨著資本主義觀念的傳播，在之後的十九世紀歐洲的經濟迎來了歷史中從未有過的繁榮，分別在英美兩國發生的兩次工業革命就是很好的例子。

在我看來，十九世紀開始的歐洲物質文明大躍進，與資本主義市場經濟的關係密不可分。我們人類社會的經濟發展模式到十九世紀前，都是在無章法的極端放任和嚴格的干預管制中搖擺，直到現代資本主義面世後才在兩者中找到平衡。資本主義的妙處在於一方面有市場機制的存在能讓個人可自由地追求競爭並創造財富，另一方面這個制度也要求公權力保證公平，從而讓人民安心地追求財富。

資本主義帶來的影響不僅僅在物質方面，在有意無意之中市場經濟的發展也帶來了人文主義的進步。我在這裡舉兩個例子。首先，物質進步為歐洲社會帶來了相對富裕的中產階級。隨著中產階級的財富累積，為了保護自己努力勞動所獲得的財產，他們自然也會追求更多的政治影響力。

中產階級會通過政治影響力來保證自己追求財富的自由與被平等對待的權利，無形中也為社會實現人文價值帶來貢獻。第二，十九世紀也是藝術大躍進的時代。浪漫主義的音樂與印象派繪畫都是在十九世紀迎來高峰，並對二十世紀的現代藝術有著很大的影響。可以說，藝術發展與資本主義很有關係。資本主義的市場經濟帶來的物質豐盛，才令人們有更多的閒錢與閒情來欣賞藝術。

讓我們回到主張通過理性來改造經濟制度的討論。資本主義市場經濟在十九世紀被視為前所未有最有力的創造財富制度，也為當時的歐洲與美國帶來了財富大爆發。但事實上，當時認為資本主義制度並非完美的人大有人在，其中也不乏極力反對者。在經濟發展和創造財富方面，就有學者認為市場機制在經濟危機時自我調節速度太慢，失業在市場經濟中是常態或在人與人互相不信任的情況下拒絕交易等問題，都指出市場機制也是有缺陷的。

從社會道德和人文主義來看，也有社會菁英認為資本主義本身有違反人文價值的部分，如自由競爭下產生的收入不平等，放任市場自由自然發展會出現壟斷企業或基本需求（如教育和醫療）過貴等問題。所以，在這些反對者看來，市場是凌亂無章的，也無法靠自己就能實現人文目標。他們與其放任市場自己發展，我們人類可以通過自己的理性改良市場，甚至是自己設計出一個新的模式，這樣可以實現一個更符合人文價值的經濟制度。

要通過理性改造經濟運作制度，就如前文所提到的心理學和社會一樣，要把數學導入市場理論中，令經濟學看起來更像一門科學。在亞當・史密斯活躍的十八世紀後半頁，學科並沒有向二十世紀以後那樣分得那麼細，而經濟學也沒有被視為一門獨立的學科。許多當時對經濟學有貢獻的學者（如邊沁 Jeremy Bentham、密爾 John Stuart Mill 等）事實上也視自己為哲學家，而非經濟學家。包括亞當・史密斯自己是利用哲學推導的方法來思考如何創造與分配財富，而不是後來的科學方法。

在亞當・史密斯提出市場機制和看不見的手等現代資本主義理論後，經濟學的發展就有如火箭一般，在之後的一百年，經濟學摻進了許多其他自然科學的理論來解釋市場現象，令我們能更加立體和深入地理解經濟學運作，從而慢慢發展成現代經濟學理論。當經濟學發展到十九世紀後期，如瓦爾拉斯（Leon Walras）和馬歇爾

（Alfred Marshall）等學者開始模仿物理學把數學方程式融入經濟學中。從這個時候開始，數學開始代替哲學並被視為理解社會市場經濟現象的主要方法。到了二十一世紀，每當我翻開教科書看到許許多多的數學方程式和圖表，我都會誤會以為打開了物理課本。

我相信即使對經濟學涉獵不深的讀者也有聽過以下的故事：市場中所有的商品服務都有其自己的供給予與需求，而價格也是因此而定。當供給上升，產量變多價格就會下降。而當需求上升，想要東西的人變多價格就會因此上升。當在此兩種力量互相作用，價格就會形成。換言之，無論是買家還是賣家都無法制定價格。此理論由瓦爾拉斯提出，並解釋市場中價格機制是如何運作，從而達到均衡的。

由亞當．史密斯通過哲學範式推導出來的市場理論，我們一般稱為古典經濟學。而由馬歇爾通過數學和科學所提出的經濟學理論，我們就稱為新古典經濟學。事實上，新古典理論框架與分析方法，成為了我們現代主流經濟學的基礎。時至今日，現代主流經濟學已經變得極度數學化，就好像如果沒有數學方程式計算的話，就無法進行有意義的經濟分析。

雖然分析方法不一樣，導致新古典經濟學與古典理論看起來起來大相逕庭，但從本質上來看，新古典學派是古典經濟學的延續，兩者並不衝突。事實上，新古典學派與認同古典學派兩者都認同市場的力量。不同的是新古典學者嘗試通過不同的假設把市場機制的力量給理論化，並通過數學模型證明在一定的條件下社會福利與財富可以最大化。

新古典經濟學家馬歇爾（Alfred Marshall）在其著作《經濟學原理》畫出了圖表4，並以

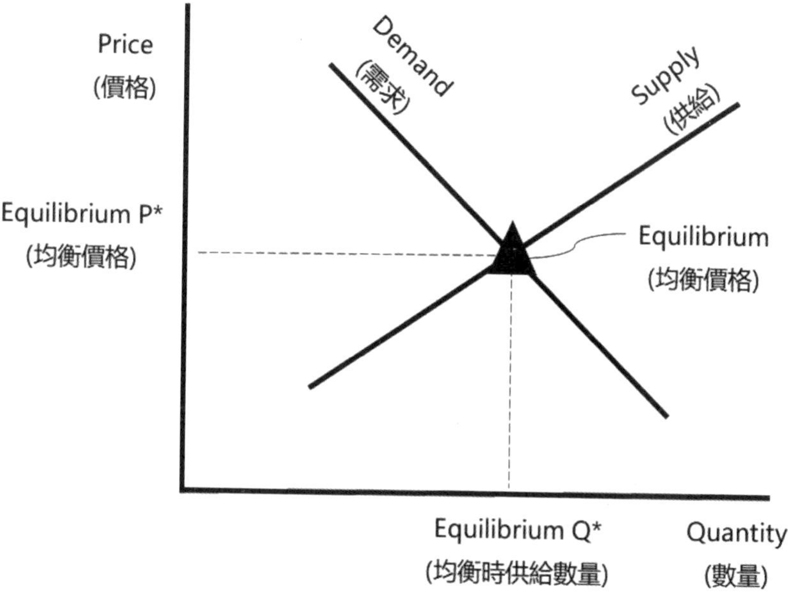

圖表 4　自由市場供給與需求運作機制示意圖 Alfred Marshall

此為市場機制中供給予與需求互相作用，然後最終形成市場價格的過程進行描述。此圖家喻戶曉，相信對經濟學有基礎理解的讀者對它並不會陌生，而許多人也是通過此圖第一次瞭解市場經濟的具體運作。本質上它並非反對古典範式所提出的自由市場的發展機制，新古典學派只是把亞當·史密斯的思想用另外一種方法表達出來而已。

之後，新古典學派的出現就有如潘多拉的盒子被打開一般，在我看來之後主流的經濟學發展都是順著新古典的經濟學的脈絡，對既有的數學公式與理論視為框架，然後對它進行修改。

雖然新古典主義經濟學一開始的本意並非要否定市場經濟的運作機制，但無心插柳，經濟學的數學化卻在之後成為了理性樂觀派經濟學者的理論基礎。用數字和數學模型來解釋經濟學，給予了後來學者一種經濟學也是科學的感覺。就好像水加熱到一〇〇度會蒸發和降溫到零度就會結冰一樣，如果資本主義的制度不完美，而人類可以通過理性去完全理解市場經濟的話，我們也可以通過科學的辦法來改造、影響或干預資本主義制度。這種思維一直延續至今，並且是現代經濟理論的主流。

更有甚者完全否定資本主義，主張取消市場經濟，這種思想也在二十世紀真實被實踐過。

主張通過理性來改造經濟制度，從而實現社會裡人文理想的人基本都有一個共同點，就是認為公權力在社會經濟中不可缺席。他們認為人性天生就是自私的，因此我們的理性需要一個大公無私的政府，行政命令使人文道德得以彰顯，從而改善，彌補並實施自由市場經濟做不到的事情。

附錄三

為何馬克思主義經濟學注定失敗？

馬克思主義到了二十一世紀，依然是最受爭議的學術話題之一。有人提起馬克思就會咬牙切齒，認為二十世紀中為了實現共產主義理想，有數千萬人付出了生命，才能證明它是錯誤的。但同時，依然有人視馬克思主義為金科玉律和具有前瞻性的遠見思想，並認為此是未來人類發展的方向，主張歷史上曾出現的如蘇聯、中國、柬埔寨等共產主義國家，其實都沒有實現真正的共產主義。

馬克思主義是一套包括了經濟學、政治學和社會學的世界觀。但他的理論結構一開始是從經濟學開始的。在馬克思看來，人類社會最底層的架構是經濟活動（下層建築[91]），而人類社會、道德、法律等（上層建築[92]）都是在經濟的基礎上所決定和建立的。本文只討論馬克思思想中底層結構，也就是關於經濟的部分，在筆者看來，馬克思經濟學的前提與邏輯是錯誤、不符合人性，甚至是荒謬的，也注定了馬克思主義經濟學的失敗。而正因為在理論底層結構有錯誤，因此馬克思主義才無法成功實施。

馬克思：資本主義將會消失

馬克思主張的核心思想是資本主義最終會在歷史的長河中消失。在馬克思看來，工人階級或無產階級（Proletariat）所付出的勞動、努力、時間是經濟價值的唯一來源。而無論是市場中人們的需求，企業家的冒險和創意等在馬克思看起來都不是價值的來源。換言之，根據馬克思的「勞動價值理論」（Labour Theory of Value），

91 Marx, Karl. A Contribution to the Critique of Political Economy.（Intl Pub Co Inc, New York, 1977）https://www.marxists.org/archive/marx/works/1859/critique-pol-economy/preface.htm

92 同前。

當一名資本家把一件商品賣到市場上，而由於商品的價錢高於工人的薪水，因此資本家獲得了利潤。

馬克思把這種利潤稱為「剩餘價值」，而由於所有的價值都是由勞動者創造的，資本家占有剩餘價值是剝削了勞動者，因此也是不正義的。馬克思本質上他是反對商業活動，因為貿易買賣等的經濟活動會產生價格波動，所以也會出現剩餘價值。資本家就像吸血鬼一樣，吸食著廣大工人階級的勞動成果。但工人勞動者遲早有一天會看透這一切，他們會團結起來打倒資本家，結束資本主義。

馬克思的思想聽起來就像預測未來的寓言童話故事。但經過了二十世紀後，歷史現實告訴我們，馬克思的所思所想只是一個不可實現的烏托邦，馬克思的剝削理論可以說是完全錯誤的，在現實世界中創造價值的不僅僅只有勞動者。企業家或資本家們利用自己的眼界見識，發明出新的產品或新的投資機會，並且願意自己掏出資本並冒險進行投資，這難道不應該被利潤所補償？

馬克思認為只有勞動才能創造價值是非常荒謬的，光有努力勞動而沒有正確的方向和創新的點子，根本就不可能創造出人類現代文明。兩千多年來，中國的農民也是非常努力地耕田，但事實是中國一直以來都是小農社會，無論是物資上，思想上，還是文明上都沒有進步。

同時，馬克思也對金錢、金融等非勞動性經濟行為充滿偏見。在馬克思的著作中，他不斷暗示用錢滾錢是不正義的行為。馬克思對資本主義的反感，來源於他認為金錢的核心是沒有生產力的，只有那些真正付出過勞動的人才有資格獲得財富。什麼像利息和利潤等非勞動的收入，在馬克思看起來都是不義之財。[93]而事實上，即使在十九世紀，這也是一種非常腐朽且保守的觀念。

主張計劃經濟的馬克思

不僅如此，馬克思主張在一個共產社會應該實行計劃經濟。在馬克思的批判中，他主張應該取消資本主義和自由市場中的核心元素，例如私有產權、市場自由交易、價格甚至是貨幣。在馬克思的世界觀中，公權力和民間自由市場的決策力很

93 Muller, Jerry Z. The Mind and the Market: Capitalism in Modern European Thought（Knopf, New York,2002）p.167

不一樣，也存在矛盾。在馬克思看起來公權力應該擁有善良且道德的動機，和絕對的權力，因此政府就能創造並管理出一個美好的社會。相反，自由市場的決策力表現在人們為了自己的利益，而對有限物質和利潤的競爭。兩者的矛盾在於，前者注重利他而後者注重利己。馬克思也預測，由於公權力也是由人來執行，在面對自由市場物質和利益，政府也會和市場同流合污。因此，如果一個社會只剩下利己主義和爭奪競爭，就會陷入混亂與黑暗之中。在馬克思主義者看起來，市場是雜亂的，不理性的，並十分容易產生分裂群體和反社會的思想[94]。

要解決這個問題，馬克思主張經濟運作應該被一個，擁有公權力且民選的中央機構（如政府）來進行控制和管理。換言之，應該生產什麼，生產多少，用什麼價格交易等都應該由政府事前擬定計劃來執行。這樣的話人們就不會再為了資源而競爭，因為所有的經濟活動都已經被這個民選的政府給計劃好了。這也就是所謂的計劃經濟。在馬克思看來，完全取消私有產權才是民主和自由的表現，因為在自由市

94 Lavoie, *Don. National Economic Planning: What Is Left?* (Mercatus Center at George Mason University, Arlington, 2016) p.18

場中人們因為競爭必須努力工作且會被剝削，無法實現真正的人生意義。

馬克思甚至樂觀地認為，當實現了公有制後，政府的存在也只是一個用來避免競爭，暫時存在的過渡機構。一旦，共有的物質豐盛到無需競爭時，政府的計劃經濟也就沒有存在的必要了[95]。換言之。當社會物質極端豐盛時，每一個人都能按照自己的需求獲得自己想要的東西，不再需要靠自己的能力來去和他人競爭了。到了二十一世紀的今天，這聽起來固然非常烏托邦，甚至是痴人說夢。

對計劃經濟的批判

認同馬克思並支持計劃經濟烏托邦的人，往往都會忽視了市場的複雜度。在二十一世紀高度發達的資本主義社會中，流通著上百萬千萬件商品，而這些又需要無數複雜的分工與人力，方能製作出來。其關鍵點是市場的複雜度遠超過了任何一個政府或機構能控制的範圍。

95　馬克思原文："From each according to his abilities, to each according to his needs"

以下，我整理一下馬克思式的計劃經濟不可行的原因。首先是政府無法完全收集計劃經濟所需的訊息。在計劃經濟中，政府必須決定市場在未來一段時間要生產什麼，生產多少，誰去生產，和誰能獲得什麼商品。但在沒有市場價格或自由競爭機制的前提下，政府就必須根據數據和科技來預測經濟總量和價格。但由於現代經濟中實在太過龐大與複雜，至今為止，沒有人能準確預測市場所有經濟活動。例如，沒有人能預測明年市場會需要多少台公路腳踏車，也沒有能預測人們需要多少個棕色公事包。在自由市場中，以上經濟活動的決定權是下放給市場中每一個企業，他們會根據市場價格情況自己判斷做什麼生意會有錢賺。歷史證明權力下放的自由市場比計劃經濟來得有效率。

同時，計劃經濟也沒有自由競爭，政府在做好經濟計劃後就會讓國營企業執行生產，因此，自然每一家國營企業也無需面對競爭的壓力。在自由市場中，競爭也扮演著向市場提供訊息的功能。例如，在一個夜市中如果有小吃店無法提供價廉物美的食物，激烈的競爭自然會讓它獲利變少，甚至倒閉。如此一來，激烈的競爭會讓經營不佳的企業讓位給更有效率的企業。無論是價格還是競爭，兩者在自由市場中都有提供訊息的功能。這些訊息可以幫助市場調配資源，令生產更加有效率。而這正是計劃經濟所不具有的。

第二個計劃經濟不可行的原因是，它無法擺脫人治的命運。在政府執行自己做好的計劃後，在沒有市場給予回饋的前提下，政府自己也是監督者。例如有公務員做執行政府的經濟計劃時，即使被發現錯誤，由於沒有外部的監督，公務員只要安撫好自己的上司往往就不需要負上任何責任。這往往也成為了腐敗和人治的溫床。這在自由市場完全是另外一套邏輯。從企業層面來講，犯錯的企業會獲利減少甚至倒閉。對於員工來說，犯錯就必須自己對上司負責甚至是解雇。如果上司無法發現下屬的錯誤，團隊表現變差，自己遲早也要被解雇。如果管理層每一個人都表現不佳，公司倒閉也是遲早的事。因此，光靠人治沒人能在市場生存。

最後，缺少創新也是計劃經濟不可行的原因。無論是政府還是國營企業都會比較偏向於原有的生產方式和老辦法，而不是新想法或創新。由於沒有企業之間的互相競爭，國營企業只需要完成上級給的任務便可，完全沒有壓力去創新。在計劃經濟中，人們往往在乎生產商品的量，是否有滿足政府的計劃目標。而不是如何改善商品的品質。再說，新的生產方式也許效率更好，會令員工失業從而帶來社會動盪，這反而是計劃經濟最想避免的。這在自由市場剛好是反過來，只有不斷創新才是在市場存活下去的唯一辦法。

根據以上原因，就像計劃經濟在一個小餐廳的廚房也許是可執行的，大廚可以事先想好要進什麼貨，做出什麼的菜，甚至要每分鐘控制部下要做的事情也許理論上並非不可能。但這種管理方法擴大到市場就不可同日而語了。廚房要做的菜，程序與協作相對簡單，可以事前想好要如何製作。另外，菜單在當天固定的，大廚也不會期待廚師們在工作時要去創新，管理起來相對容易。對於員工來講，自己只需完成大廚給的任務便可，無需思考如何改進。計劃經濟在小餐廳也許可行，但在龐大的市場經濟中便大不相同。很可惜，如此的計劃經濟在社會運行，在馬克思看起來是可行的。

馬克思對資本主義的分析與批判並非完全沒有道理，但他的著作中卻沒有仔細描述過一個他所理想的共產主義社會應該如何運作。他所主張的計劃經濟，包括所謂如何成立無產階級民主政府，如何製作經濟計劃，怎樣的社會才是物質豐盛的社會等，這些都只能由後人從他的著作中的蛛絲馬跡來腦補。正因缺少準確的執行手冊，後來的列寧（Vladimir Lenin）主張暴力來奪權和毛澤東認為革命應該從農村的土地改革開始等，在我看來都與此很有關係。

馬克思是一個充滿想像力、浪漫情懷且理想主義的人。馬克思的思想看起來大義凜然，為了社會底層而鬥爭的理論，令人感覺充滿了道德感和人文情懷。但可惜的是，一旦把此理論發揮於實踐時，卻往往產生許多問題。我們應該銘記前人在歷史中為了馬克思主義付出的代價，警惕此錯誤且荒謬的理論不會再付諸實踐。

後記與誌謝

本書從二〇二〇年年頭開始下筆，到交稿歷時近四年。寫作過程並不順利。期間，無數生活的不如意和工作的煩惱，令我多次提起筆又放下，甚至有過放棄的念頭，十分費心。我多希望能在生活安閒的狀態下，居處幽靜，面對清泉曠野和水光山色，在心情舒泰的心境下進行寫作，這樣也許會更加快樂。

對寫作我實在是愛恨交織。有時當夜暮降臨，自己看著螢光幕數小時，腦袋中千頭萬緒卻不知從何開始下筆，痛苦不堪。但靈感往往會在最不經意時出現，痛苦過後帶來的往往是文思泉湧。那種下筆有如神所帶來的心流，帶給了我滿滿的幸福與滿足的感覺。本書的創作，就是我在多少次痛苦與快樂的交替中完成。這就好比黑格爾（Georg Hegel）所說，生命的目的就像種子發芽一樣。寫作帶給我的感覺，就好像是一顆卷著的種子自我展開，讓我感到生命力，去瞭解自我的內在和潛力，讓我實現自我。

但要寫完此書，僅靠我一人的力量，是不可能的任務。沒有這些大師、前輩、朋友與家人，我不可能完成此著作。

亞當史密斯（Adam Smith）、海耶克（Friedrich Hayek）、戈柏（Jonah Goldberg）和張維迎等大師，他們的思想與著作塑造了我今日的世界觀。特別是張維迎教授，他的經濟學洞見和表達自己的勇氣，令我欽佩，也是我寫作最大的鼓勵。

感謝本書推薦序作者國立台灣大學進修推廣學院院長郭佳瑋教授。在二〇一五年到二〇一七年間，我於台大 Global MBA 求學時，郭教授已經是我的論文指導教授。郭教授的兩次幫助，都出現在我人生的重要時刻，我感激不盡。教授簡短而精闢的文字不僅概括了本書的內容，還蘊含著他深刻的洞見。他的肯定是我不懈努力的最大鼓舞，也是我創作歷程中的一大榮幸。教授的學術功底和中文寫作能力，是我一生的榜樣。

感謝時報出版趙政岷董事長給予我創作與出版的機會。感謝謝翠鈺編輯在整個出版的歷程中，她一直是我堅強的支柱，更重要的是，她給予了我極大的信心。沒有她的鼓勵和正面的回饋，我的人生注定淡色許多。同時也感謝企劃家謙，幫助我宣傳拙作。另外也感謝封面設計采薇和珮琪，美術編輯的小芳，和其他幫助過此書出版的時報出版同仁。

感謝我的好朋友Yuka，她是第一個知道我在創作此書的朋友。感謝她多年來一直對我的鼓勵與認同，這都是我不懈堅持努力創作的動力。感謝國立台灣大學的Christy，在大學內為本書的宣傳與準備穿針引線，無言感激。她的支持對我來說意義非凡。感謝我的國小同桌兼好友史若麒和許士雨。他們對我寫作的鼓舞與認同，是我不斷努力的源泉。我們相識已過二十載，但兒時同窗時，三人一起學習玩耍的回憶，依然歷歷在目。

感謝我的母親楊予端，她給我的愛、自由和犧牲。這些都是我追求進步的動力，我無以報答。我越長大越清楚，是母親無條件的愛與支持讓我得以茁壯成長。她的堅強和愛是我生命中最重要的支柱。感激我的父親李冉帆，他當年出國冒險的勇氣改變了我的命運。同時本書的封面繪圖也是由父親所畫，他繪畫的天賦也是我一生都無法達到的高度。感謝我的外婆沈杰，我自小在外婆的關愛和照料下長大。但她年事已高，已不能認出孫子。我多希望時光能倒流，再一次對她表達我的感恩和愛。

最後我要感謝我的妻子李從綺。她不僅是我的愛人，更是我的談心的知己和談論點子的夥伴，而本書也處處有她的影子。此書多處涉及哲學，這是我很有興趣但以前很少下筆涉獵的部分。每當我懷疑自己、迷失方向的時候，她總是給予我信心，讓我相信自己有足夠的能力克服一切困難。妻子與我一樣都是經濟學出身，每當我陷入思考困境，毫無頭緒的時候，她總是我的第一個求助對象。她的支持讓我敢於追求夢想，勇敢面對挑戰。有她作爲我的妻子，是我一輩子的幸運。

我並不期待此書會成爲一部鴻篇，更遠遠談不上巨作。我只希望我能用盡我的才力，通過不亂不澀且有趣生動的文字，把要講的話寫出來，讓大眾對於資本主義和市場經濟有更多思考和理解，這對我已經是很大的安慰。

李湛侃

二〇二三年十二月九日於東京

參考文獻

(1) Beinhocker, Eric D,. *The Origin of Wealth: The Radical Remaking of Economics and What it Means for Business and Society*（Harvard Business Review Press, Brighton, 2007）

(2) Bremmer, Ian. *The End of the Free Market: Who Wins the War Between States and Corporations?*（Portfolio, London, 2010）.

(3) Butler, Eamonn. *Adam Smith: A Primer,*（Inst of Economic Affairs, London, 2007）.

(4) Butler, Eamonn. *Friedrich Hayek: The ideas and influence of the libertarian economist,*（Harriman House, Petersfield, 2012）.

(5) Butler, Eamonn. *Milton Friedman: A concise guide to the ideas and influence of the free-market economist,*（Harriman House, Petersfield, 2011）.

(6) Carter, Tim and Butt, John. *The Cambridge History of Seventeenth-Century Music: Volume 1,*（Cambridge University Press, Cambridge, 2005）

(7) Coase, Ronald. *The federal communications Commission,*（Journal of law and economics, 1959）.

(8) Deaton, Angus. *The Great Escape: Health, Wealth, and the*

Origins of Inequality, (Princeton University Press, Princeton, 2013) .
(9) Dikötter, Frank. Mao's Great Famine (WALKER & CO, New York, 2011)
(10) Freeman, *Samuel. Rawls* (The Routledge Philosophers, Oxfordshire, 2007)
(11) Friedman, Milton. *Capitalism and Freedom* (Univ of Chicago Press, Chicago, 2020)
(12) Fukuyama, Francis. *The End of History and the Last Man,* (Free Press, New York, 1992) .
(13) Goldberg, Jonah. *Suicide of the West: How the Rebirth of Tribalism, Populism, Nationalism, and Identity Politics is Destroying American,* (Crown Forum, New York, 2018) .
(14) Greenspan, Alan. *The Age of Turbulence: Adventures in a New World,* (Penguin, New York, 2008) .
(15) Hayek, Friedrich. *Road to Serfdom,* (University of Chicago Press, Chicago, 1989) .
(16) Hayek, Friedrich. *The Fatal Conceit: The Errors of Socialism,* (University of Chicago Press, Chicago, 1988) .
(17) Hazlitt, Henry. *Economics in One Lesson: The Shortest and Surest Way to Understand Basic Economics,* (Crown Currency, New York, 1988) .

(18) Hoerber, Thomas. *Hayek vs Keynes: A Battle of Ideas,*（Reaktion Books, London, 2017）.

(19) Hunter, Lewis. *Where Keynes Went Wrong: And Why World Governments Keep Creating Inflation, Bubbles, and Busts?*（Hunter Lewis Foundation, Crozet, 2011）.

(20) Ip, Greg. *Foolproof: Why Safety Can Be Dangerous and How Danger Makes Us Safe*（Little, Brown and Company,Boston,2015）.

(21) Ito, Joi. *Whiplash: How to Survive Our Faster Future*（Grand Central Publishing, New York, 2016）.

(22) Iwata, Kikuo. 資本主義経済の未来,（光文社, Tokyo, 2021）.

(23) Keynes, John. *The General Theory of Employment, Interest and Money,*（Macmillan, London, 1936）.

(24) Kling, Arnold. *Specialization and Trade,*（Cato Institute, San Francisco, 2016）.

(25) Kishtainy, Niall. *A Little History of Economics*（*Little Histories*）,（Yale University Press, New Haven, 2017）.

(26) Lavoie, Don. *National Economic Planning: What Is Left?*（Mercatus Center at George Mason University, Arlington, 2016）

(27) Li, Joe Zhankan. 貧富差距的經濟學,（China Times

Publishing Co., Taipei, 2017）.

(28) Liu, Qing（劉擎）, 懸而未決的時刻：現代性論域中的西方思想 ,（新星出版社 , Beijing, 2006）

(29) Marcuse, Herbert. *One-Dimensional Man*（Beacon Press, Boston, 1964）.

(30) Marx, Karl. *Capital A Critical Analysis of Capitalistic Production*（1867）

(31) Menger, Carl, *Principles of Economics,*（New York University Press, New York, 1981）

(32) Mill, John Stuart. *Principles of Political Economy*（1849）.

(33) Miller, Chris. Chip War: The Fight for the World's Most Critical Technology,（Scribner, New York, 2022）

(34) Mises, Ludwig von. *The Theory of Money and Credit*（Liberty Press, Indianapolis, 1980）.

(35) Mobius, Mark. *The Inflation Myth and the Wonderful World of Deflation,*（Wiley., New Jersey, 2021）.

(36) Noguchi, Yukio（野口悠紀雄）. 戦後経済史：私たちはどこで間違えたのか ,（日経 BP マーケティング , 日本経済新聞出版 , Tokyo, 2019）.

(37) Norman, Jesse. *Adam Smith,*（Allen Lane., London, 2018）.

(38) Nozick, Robert. *Anarchy, State, and Utopia,*（Basic Books., New York, 1974）.

(39) Okun, *Arthur. Equality and Efficiency REV: The Big Tradeoff,* Brookings Institution Press., Washington, D.C, 2015）.

(40) Popper, Karl. *Objective Knowledge: An Evolutionary Approach,*（Oxford University Press, Oxford, 1972）.

(41) Popper, Karl. *Objective Knowledge: An Evolutionary Approach,*（Oxford University Press, Oxford, 1972）.

(42) Rawls, *John. A theory of Justice*（Belknap Press, Cambridge, 1971）.

(43) Reagon, Ronald. *An American Life,*（Simon & Schuster, New York, 1990）.

(44) Reed, Lawrence W. *Excuse Me, Professor: Challenging the Myths of Progressivism,*（Regnery Publishing, Washington, D.C., 2015）.

(45) Sandelin, Bo and Trautwein, Hans-Micheal. *A Short History of Economic Thought,*（Routledge, Oxfordshire, 2014）.

(46) Satre, Paul. *Being and Nothingness,*（Philosophical Library, New York, 1956）.

(47) Satre, Paul. *Existentialism Is a Humanism,*（Methuen Publishing, North Yorkshire, 1948）.

(48) Skousen, Mark. *Vienna & Chicago, Friends or Foes? A Tale of Two Schools of Free-Market Economics,*（Regnery Capital, Washington, D.C, 2005）.

(49) Taylor, Timothy. *The Instant Economist: Everything You Need to Know About How the Economy Works,*（Plume, New York, 2012）.

(50) Thatcher, Margaret. *The Downing Street,*（HarperCollins, London, 1995）.

(51) Wapshott, Nicolas. *Keynes Hayek: The Clash that Defined Modern Economics,*（W. W. Norton & Company, New York, 2012）.

(52) Wapshott, Nicolas. *Ronald Reagon and Margaret Thatcher: A Political Marriage*（Sentinel, New York, 2007）.

(53) Varoufakis, Yanis. *Talking to my daughter about the Economy or, How Capitalism Works—and How it Fails*（Vintage, New York, 2019）

(54) Xue, Zhaofeng（薛兆豐）. 經濟學通識（Peking University Press, Beijing, 2015）.

(55) Zhang, Weiying（張維迎）. 市場的邏輯（上海人民出版社, Shanghai, 2012）.

(56) Zhang, Weiying（張維迎）. 市場與政府（西北大學出版社, Xian, 2014）.

Big 430
資本主義的倫理力量：為什麼自由市場能創造更好的人文價值

作　　者—李湛忻
圖表提供—李湛忻
封面繪圖—李冉帆
封面設計—林采薇、楊珮琪
美術編輯—趙小芳
主　　編—謝翠鈺
企　　劃—鄭家謙

董 事 長—趙政岷
出 版 者—時報文化出版企業股份有限公司
108019 台北市和平西路三段二四〇號七樓
發行專線—（〇二）二三〇六六八四二
讀者服務專線—〇八〇〇二三一七〇五
（〇二）二三〇四七一〇三
讀者服務傳真—（〇二）二三〇四六八五八
郵撥—一九三四四七二四時報文化出版公司
信箱—一〇八九九　台北華江橋郵局第九九信箱

時報悅讀網— http://www.readingtimes.com.tw
法律顧問—理律法律事務所 陳長文律師、李念祖律師
印刷—紘億印刷有限公司
一版一刷—二〇二四年二月二日
定價—新台幣四〇〇元
缺頁或破損的書，請寄回更換

時報文化出版公司成立於一九七五年，並於一九九九年股票上櫃公開發行，於二〇〇八年脫離中時集團非屬旺中，以「尊重智慧與創意的文化事業」為信念。

資本主義的倫理力量 : 為什麼自由市場能創造更好的人文價值 / 李湛忻著 . -- 一版 . -- 臺北市 : 時報文化出版企業股份有限公司 , 2024.02
面 ;　公分 . -- (Big ; 430)

ISBN 978-626-374-802-6(平裝)

1.CST: 資本主義

550.187　　112021982

ISBN 978-626-374-802-6
Printed in Taiwan